조선의 아버지들

조선의
아버지들

백승종 지음

사우

아버지의 길을 묻는 우리에게
그들이 들려주는 뜻깊은 답변

1.

"가정에서 아빠가 왕따를 당한다는 말 들어보셨나요?"

"사실 본인들은 몰라요. 아빠들은 본인이 왕따를 당했다기보다는 가족들이 못됐다, 아이들이 버르장머리가 없다, 이렇게 생각하는데, 다른 가족은 우리 아빠 왕따라고 하죠."

EBS TV 〈우리 아빠는 '왕따'?!〉에 나온 대사다. 요즘 대중매체에서 흔하게 '아버지의 위기'를 만나게 된다. 한국 사회에서 아버지의 위상이 눈에 띄게 흔들리기 시작한 것은 아마 1980년대부터였을 것이다. 산업화로 말미암아 사회 구조가 크게 변동하자 '아버지의 위기'가 왔다. 고된 직장생활을 감당하느라 자기 집 하숙생으로 전락하다시피 한 아버지는 차츰 가정에서 소외되었다. 때마침 민주화의 기운이 크게 일어났다. 그러자 아버지들이 내심 당연시하던 가장으로서의 권위도 무너졌다. 1997년의 외환위기 이후 대량해고와 조기퇴직의 바람까지 불자 경제력마저 상실한 '아버지의 위기'는 한층 심각해졌다. '아버지의 위기'는 사회 변화의 산물인 것이다.

사회 변동이 심해지면 아버지와 아들은 운명적으로 대립한다. 그들은 서로 다른 세계에 속한 채 서로를 이해하지 못한다. 그러나 시간이 흐르면 한때의 아들은 아버지가 되고, 그 역시 자신을 거부하는 아들과 부딪힌다. 무겁고 두려운 비극의 대물림이 아닌가.

수십 년째 이어지고 있는 이 땅의 극심한 사회 변동 속에서 많은 시민들은 세대 간의 마찰과 갈등을 연달아 겪는다. 사회문제가 가정의 위기로 비화되면서 가정 안에서 정서적 연결고리가 가장 취약한 '아버지의 위기'가 발생한다.

한 사람의 평범한 아버지로서 나 역시 이런 갈등을 피하지 못했다. 정녕 우리는 화해와 사랑이 넘치는 가족관계를 정립할 수 없는 것일까. 나이가 들수록 그에 대한 나의 염원은 커진다. 이 책을 쓰게 된 동기가 바로 거기에 있다.

2.

투르게네프(Ivan Sergeyevich Turgenev, 1818-1883)란 이름이 슬며시 다가온다. 섬세하고 서정적인 문체로 인간의 미묘한 심리를 묘사하는 데 누구보다 탁월했던 러시아 작가. 그는 자신을 괴롭힌 19세기 러시아의 사회문제를 소설에서 다루었다. 당대의 정치·사회 현실이 어떻게 가족 문제로, 세대 갈등으로 전이되었는지를, 그는 꼼꼼히 기술했다. 소설《아버지와 아들》은 그렇게 탄생했다.

이 소설에 대해 당대 러시아의 보수파는 주인공 '바자로프'(아들)가 너무 미화되었다고 비판했다. 진보 측도 불만이었다. 그들은 투르게네프가 바자로프를 통해 러시아의 혁명 세력을 희화화했다며 화냈다. 진보도 보수도 작가를 공격했으니, 그의 입지는 좁고 위태했다. 난세의 진실을 말하는 이, 그는 투르게네프처럼 억울하고 난처한 입장에 몰리기 쉽다.

투르게네프의 눈에 비친 '1859년의 러시아'는 불합리한 농노 제도와 전제정치가 극에 달했다. 여러 정파들의 이익이 충돌했고, 노선이 첨예하게 대립했다. 이것이 세대 간의 갈등으로, 계층 간의 대립으로 격화되는 것은 시간문제였다. 다시 강조하지만, 한 사회의 모순은 그 사회를 이루는 최소 단위인 가정에 영향을 미친다. 특히 그것은 부자간의 대립과 부부 갈등의 형태로 나타나기 쉽다. 미시적 차원에서 보면, 아버지는 현실 권력이요 아들 또는 아내는 잠재적 도전 세력이기 때문이다.

소설 속에서 투르게네프는 아버지들을 '관념과 이상의 세대'로 그렸다. 역사의 뒤안길로 사라져갈 구귀족의 모습으로 이해한 것이다. 그에 비해 아들은 평민적이요, '급진적인 혁명 세대'

를 대표했다. 매력적인 카리스마의 소유자 바자로프, 그는 낡은 도덕과 관습을 가차없이 비판한 1860년대 러시아의 신문화를 상징하는 풋풋한 청년이었다. 이 의사 지망생은 일체의 국가 권력을 부정하고, 과학적 물질주의로 증명할 수 있는 개념에 몰두했다. 바자로프가 대표하는 그 시대의 아들들은 예술과 종교, 그리고 정치체제를 혐오했다. 이른바 니힐리스트로서 그들은 구세대의 권력인 아버지들과 치열하게 대립했다.

제정러시아 말기에 전개된 신구 세대의 갈등에 내가 주목하는 데는 이유가 있다. 이 땅에서 수십 년째 계속되고 있는 '아버지의 위기', 즉 가정의 비극과 투르게네프의 시대는 상당한 유사점이 있어서다. 표면적으로는 우리 사회가 이미 전통의 굴레에서 벗어난 것처럼 보인다. '개명한 근대'에 무사히 안착한 것처럼 생각되는 것이다. 하지만 실상은 그렇지 않다. 전통의 청산은 아직도 현재진행형이다. 더 큰 문제는 우리 사회가 지향하는 미래의 목적지가 명확하지 못하다는 점이다. 제정러시아 니힐리스트들의 경우처럼 우리의 미래 좌표도 몽롱하다. 우리는 지금 혼돈속에 있다.

3.

극도의 사회적 혼란 속에서도 개인은 행복할 수 있다. 아마 누군가는 그렇게 살 수 있을 것이다. 2차 세계대전의 먹구름이 유럽의 하늘을 뒤덮은 1930년대, 히틀러의 독재가 기승을 부리던 독일에서도 그런 꿈이 존재했다. 나는 지금 비운의 작가 에리히 오저(Erich Ohser)를 염두에 두고 있다.

오저의 만화집《아버지와 아들》을 읽어본 사람은 알 것이다. 작가는 어떠한 비극 속에서도 인간은 사랑이 넘치는 가정생활을 구현할 수 있다고 말하고 싶어했다. 내가 읽은 그 만화집은 세 권짜리였다. 대사라고는 전혀 없이 펼쳐지는 에피소드가 4~9 컷짜리 그림으로 구성되었다. 만화집《아버지와 아들》의 주인공(아버지)은 대머리에 콧수염만 무성한 중년의 평범한 시민이다. 또 다른 주인공인 그의 아들은 열 살 남짓의 개구쟁이 소년이다. 위기의 시대를 살았던 지극히 평범한 독일의 부자(父子) 가족이 완벽한 행복의 공동체를 이룬다.

작중의 아들은 자주 말썽을 피운다. 그때마다 아버지는 무섭게 혼을 낸다. 심지어 아들의 볼기를 때리기도 한다. 그러나 야단치는 것이 전부는 아니다. 아버지는 아들과 함께 천진난만한 장난을 친다. 그런 순간마다 그들은 서로의 존재를 확인하고 행복을 느낀다.

어느 땐가 아들은 방학을 애타게 기다린다. 드디어 방학이 되자, 아들은 기대에 부푼다. 아버지는 아들에게 실망을 주지 않으려고 머리를 짜낸다. 마침내 그는 한 가지 방법을 떠올린다. 아들이 단잠에 빠진 사이 아버지는 침대를 통째로 들어다가 한적한 시골 숲에 내려놓는다. 이윽고 아침이 되자 단잠에서 깨어난 아들은 깜짝 놀라며 신나 한다. 나무그늘에 숨어 이 광경을 바라보는 아버지의 얼굴에도 흐뭇한 미소가 번진다.

오래전 독일에서 살 때, 나는 아이들과 함께 이 만화집을 한 장 한 장 넘겼다. 우리는 모두 낄낄거렸고, 때로는 눈가에 안개가 피어오르는 것을 느꼈다. 대머리라서 더욱 가난하고 늙어 보이는 애잔한 아버지, 그의 푸근한 마음은 내 가슴속으로 파고들었다. 뭉클한 옛 추억이다.

그러나 이 세상의 모든 아버지와 아들은 오저의 만화를 흉내낼 수가 없다. 세상일이 그렇게 녹록하지 않다. 복잡하게 헝클어진 세상사를 평범한 우리가 마음 하나만으로 해결하기란 사실상 불가능하다. 작가 오저도 알고 보면 개인적으로 매우 불행했다. 나치 시절 정치적 발언으로 구속된 그는 감옥에서 스스로 목숨을 끊고 말았다. 만화집 《아버지와 아들》은 그에게도 한갓 꿈에 불과했다.

요컨대 이 시대가 직면한 '아버지의 위기'는 오저의 방식으로 해결되지 못한다. 아마도 세상의 진실은 오저와 투르게네프의 중간 어디엔가 자리할 것이다. 그래도 사태의 본질을 이해하는 데는 투르게네프식이 훨씬 나은 방식일 것이다.

4.

사회와 세대/계층의 문제를 유기적으로 바라본 투르게네프
를 염두에 두고, 이제 나는 시선을 조선시대의 아버지들에게로
던진다. 거기에는 두 가지 이유가 있다.

첫째, 그들이야말로 가족의 윤리를 통해 모든 사회문제를 풀
려고 했다는 점을 기억하자. 그들은 아버지와 아들의 올바른 관
계가 가정 경영의 근본이라고 확신했다. 나아가 그것이 국가와
사회의 안정에 필수적이라고 보았다. 이른바 수신제가 치국평천
하(修身齊家 治國平天下)다.

요컨대 조선시대의 아버지들은 사회와 가정 및 개인의 유기
적인 관계를 통감했다. 그들은 모든 사회적 관계의 중심에 아버
지가 있다고 믿었다. '아버지란 본질적으로 어떤 존재인가'를 묻
는 나에게 조선시대의 아버지들은 적어도 하나의 답을 들려줄
것으로 기대한다.

같은 질문을 기독교 윤리가 지배하던 서양의 전통사회나 인
도의 힌두교 사회에도 던질 수 있을 것이다. 그래도 내 생각에
우선은 조선시대의 아버지들에게 물어야 한다. 왜 그런가? 이제
두 번째 이유를 말할 차례다.

조선의 아버지들이 남긴 유풍(遺風)이 현대 한국 사회에 엄연

히 존재하기 때문이다. 또 많은 이들이 주장하는 '극복해야 할 전통의 찌꺼기'에는 조선의 아버지들에게서 유래한 관습들이 포함되어 있는 것도 사실이다. 가령 '명절증후군'을 말할 때도 우리는 조선시대의 과도했던 가부장제도를 무의식적으로 떠올리지 않는가. 이 모든 견해의 중심에 성리학과 더불어 조선의 아버지들이 있다. 조선의 아버지들과 우리의 관계는 직접·간접으로 복잡하게 얽혀 있다. 순기능적인 면이 있는가 하면 다분히 부정적인 측면도 있다. 그런데 한 가지 부정할 수 없는 사실은 그들의 숨결이 아직도 우리 사회 안에 살아 숨 쉰다는 점이다.

문제는 우리가 조선의 아버지들을 추상적으로만 알고 있다는 것이다. 우리는 그들을 구체적으로 알지 못한다. 우리의 인식에는 한계가 명확하다. 곰곰이 생각한 끝에, 나는 조선시대 아버지 열두 명을 만나보기로 작정했다. 12란 숫자에 특별한 뜻이 숨어 있지는 않다. 그저 면면이 독특한 아버지들을 헤아리다 보니 자연히 그렇게 되었다.

그들의 이름을 시대순으로 적어보면 다음과 같다. 우선 한국 사회에 성리학의 깃발을 세운 선구자들로부터 시작한다. 15세기의 성리학자 김숙자와 유계린이 그들이다. 성리학의 전성기라 할 16세기의 아버지로는 퇴계 이황과 하서 김인후를 만날 것이다. 그 뒤로는 임진왜란의 위기를 돌파한 명장 충무공 이순신과 명재상 이항복도 한 시대를 대표하는 아버지로서 다시 볼 것이다.

전란이 휩쓸고 지나간 17세기 조선 사회에는 혼란과 무질서가 난무했다. 우리로서는 이해하기 어려운 일일지 몰라도, 예법(禮法)으로 이런 문제를 해결하고자 애쓴 사계 김장생이란 학자가 있었다. 또 성리학의 절대화에 반기를 든 박세당 같은 학자도 존재했다. 우리는 그들에게도 아버지의 길을 물어볼 것이다.

조선 사회가 변화와 퇴락의 갈림길을 헤매던 18~19세기, 그때 각종 사회적 현안을 정면으로 응시하며 사상적·제도적 차원에서 해결책을 모색한 일군의 학자들이 일어났다. 이른바 실학자들이다. 내가 특별히 주목한 사람은 성호 이익, 다산 정약용, 완당 김정희다. 이들 세 명의 학자는 과연 어떤 아버지였을지도 궁금하다.

끝으로, 조선시대를 통틀어 가장 '불행한 아버지'라고 여겨지는 영조를 만날 예정이다. 두말할 나위 없이 영조는 탁월한 학자 군주였다. 그럼에도 그는 당쟁의 늪에 빠져 허우적거렸고, '수신제가(修身齊家)'의 그물에 걸리고 말았다.

내가 고른 열두 명의 아버지들에게는 몇 가지 특징이 있다. 우선 그들의 삶이 내 가슴에 아릿한 울림을 주었다는 사실을 고백한다. 또한 그들은 아버지로서 자신들이 어떤 생각을 품었는지를 명확히 알려주는 기록을 비교적 풍부하게 남겨놓았다는 점도 빠뜨릴 수 없다. 게다가 그들에게는 "그 아버지에 그 아들"이라는 말을 들을 만한 자손이 있었다.

요컨대 이 책에서 우리가 만날 열두 명의 아버지들은 그들이 속한 사회와 계층, 곧 시대의 고뇌를 반영하는 사람들이다. 그들이 피와 땀으로 역사에 아로새긴 발자취는 시대적 과제를 해결하고자 부단히 노력한 개인의 삶 자체인 것이다. 그들의 이야기는 "아버지란 과연 무엇인가"를 묻는 내 단순한 질문에 대한 그들의 뜻깊은 답변이다.

5.

박세당은 평생 가난에 시달리면서도 학문으로 혼란한 세상을 건질 뜻을 품었다. 그는 권세에 아부하거나 복종하지 않고, 자신이 정한 길을 묵묵히 걸어갔다. 그리하여 마침내 17세기의 대표적인 학자로 우뚝 섰다. 독특한 개성의 소유자였던 그는, 성리학 지상주의 사회에서 성리학의 오류를 지적함으로써 수난을 자초할 만큼 용기 있는 인물이었다.

그는 또 아들에 대한 사랑이 유별난 아버지였다. 1677년(숙종 3년) 늦가을, 그의 둘째 아들 박태보가 평안도 선천으로 유배를 가게 되었다. 소식을 접한 박세당은 아들에게 편지를 보냈다. 애틋한 부정(父情)이 담긴 그 편지는 박세당 부자의 친밀함이 어떠했는지를 보여준다.

유배 길을 떠난 지가 이제 벌써 5일째로구나. 날씨가 고르지 못해 연일 흐리구나. 피로에 지친 네 모습과 병약한 말의 고생스러운 모습이 내 눈에 선하다. 힘든 노정인데 어디 아픈 데는 없느냐? 지금쯤 서흥(황해도)과 봉산(황해도) 어딘가에 도착했을 것으로 짐작된다마는 가는 길이 지체되지는 않았느냐? 해는 짧고 네 갈 길은 먼데, 도착할 날짜를 어겨 죄를 더 입을까 두렵구나. 걱정이 밀려와 불안한 마음을 가눌 수조차 없구나.

나는 집으로 돌아왔다. (네 생각에) 아무것도 마음대로 되지 않는다. 이러니 어찌 해야겠느냐?

혹시 금천(金川)을 지날 때 해주(海州, 해주목사)를 만났더냐? 사람들을 만나거든 더욱 조심하고 아무 말도 하지 말거라. 말을 하게 되더라도 절대로 여러 말을 하지는 말아야 한다. 조정의 시시비비는 단 한마디라도 해서는 안 된다. 이것이 회한을 씻고 치욕에서 벗어나는 중요한 방법이니라. 만약 네가 그렇게 하지 못한다면, 나는 도무지 (네 석방에 관해) 아무 희망도 없게 되리라.

나머지 이야기는 세세히 다 말하지 못한다. 바라건대, 네가 오로지 목숨을 중히 여겨 살아남기를 바랄 뿐이다.

귀양 간 아들을 염려하는 아버지 박세당의 마음은 끝이 없었다. 그는 행여 아들이 절망감에 사로잡히지 않을까, 하는 근심에 휩싸여 장성한 아들에게 자잘한 충고를 아끼지 않았다.

글을 읽고 글씨를 쓰면 괴로운 네 마음을 얼마쯤 가라앉힐 수 있으리라. 소리 내어 글을 읽을 형편이 못 되겠지만, 책을 손에 들고 묵독하면서 그 뜻을 깊이 캐는 공부까지 하면 좋겠다. 그 편이 큰 소리로 읽기만 하고 뜻을 성찰하지 않는 것보다는 배나 좋지 않을까 한다.

아무리 참으려 노력해도 병약한 아들의 건강이 아버지의 마음을 괴롭혔다. 박세당은 걱정으로 가득한 편지를 쓰고 또 썼다. 1678년(숙종 4) 1월 20일에 쓴 편지의 한 대목은 다음과 같다.

너는 본래 잘 아프고 허약한 사람이다. 건강을 보살피는 일이라면 반드시 네 스스로 알아서 삼가야 한다. 평소에도 오히려 소홀히 다뤄서는 안 될 일인데, 하물며 혼자 몸으로 먼 타향에 있으니 다시 말할 필요도 없다. 만의 하나 건강을 잃고 병이라도 난다면 누가 문병을 가서 홀로 지내는 너를 보살필 수 있을 것이냐? 이 아비는 그 점이 내내 마음에 걸리는구나.

네가 몸 성히 잘 견딜 수만 있다면, 설사 앞으로 10년 동안 너를 보지 못한다고 할망정 나는 참고 견딜 수 있다. 이것도 사람의 힘으로는 어찌 해볼 수 없는 일이라 하늘의 뜻에 맡길 뿐, 한스러워하지는 않으련다. 너는 부디 내 말을 명심해서 힘쓰고 힘써야 한다.

아버지의 간절한 바람이 통했던 것일까. 박태보는 북쪽으로 귀양 간 지 1년 만인 1678년에 무사히 가족의 품으로 돌아왔다. 얼마 후 아들은 다시 조정에 복귀했다. 그러나 끝내 그는 무사하지 못했다. 소론의 유망주였던 박태보는 당화(黨禍)를 입고 1689년(숙종 15) 5월 5일, 결국 불귀의 객이 되고 말았다. 아버지는 하늘이 무너지는 깊은 슬픔에 빠졌다.

엄격히 말해, 박세당으로 상징되는 조선의 아버지는 아득한 과거의 존재들이다. 그들은 이 시대와는 완전히 다른 세상을 살았다. 우리는 그들처럼 살 수도 없고, 그들의 심중을 온전히 이해하기도 어렵다. 물론 그 시절로 돌아가자고 말하는 것도 아니다. 그럼에도 불구하고 그들의 이야기에 귀를 세우고 있는 동안 은은한 메아리가 내 가슴속에 울려퍼졌다.

조선의 아버지에게는 시대의 벽을 넘어서는 보편의 가치가 존재했던 것이 틀림없다. 그들이 애써 추구한 인생의 가치는 상당 부분 오늘날에도 유효하다. 그들은 힘써 현실 사회의 문제를 극복하려 했고, 매사에 성실한 태도를 견지했다. 성별과 지위 고하를 막론하고 모든 인간을 존중했으며, 비상한 인내심과 자상함으로 끝까지 가족을 보살피고 사랑했다.

그렇다면 오늘날 '왕따'의 외로움과 정체성의 혼란을 호소하는 대한민국의 아버지들에게 조선시대 아버지들은 어떤 이야기를 들려줄 수 있을까.

첫째, '시대의 과제를 회피하지 말아야 한다. 비정규직 철폐든, 사교육 문제 해결이든, 한반도 전쟁 위기의 해결이든, 시대의 크고 작은 문제를 두고 아버지들이여, 뒤로 숨지 마라. 그래야 세대 간의 갈등도 계층 간의 갈등도 완화될 것이다.' 조선의 아버지들은 이렇게 말할 것 같다. 그들은 어지러운 세상을 조금이라도 바로잡기 위해 많은 노력을 기울였던 사람들이기 때문이다.

둘째, 조선의 아버지들에게서 성실함을 배울 수 있으면 좋겠다. 굳이 성리학적 용어를 써서 말하면, '공(恭, 자신을 낮춤)'과 '경(敬, 남을 높임)'을 실천하는 것이다. 이것은 바깥세상에만 적용되는 것이 아니다. 무엇보다도 가정 안에서 그렇게 할 수 있었으면 한다. 아들과 딸을 정성스러운 마음으로 공경하는 아버지가 되고, 아내를 지극히 위하는 남편이 될 수 있으면 얼마나 좋을까. 우리가 이 책에서 만나는 조선의 아버지들은 결코 가족에게 일방적으로 지시하거나 명령하는 가장이 아니라는 점을 기억하자.

끝으로, 자신을 잘 섬겨야 한다. 이것이 이른바 '충(忠, 자신을 포함한 일체의 사물에 진심을 다하는 것)'이다. 부족한 내 생각으로는 이것이 아마도 삶의 가장 본질적인 태도가 아닌가 한다. 직장과 국가에 충성을 바친다는 사람은 흔히 볼 수 있지만, 자기 자신에게 충성하는 경우는 보기 어렵다.

여기 스스로에게 충성하는 아버지가 있다고 하자. 가장 가까이에서 그의 일거수일투족을 바라볼 아내와 자식들은 과연 어떤 생각을 하게 될까? 두말할 필요 없이, 남편 또는 아버지에게 닫혀 있던 마음이 저절로 열리지 않을까. 무엇보다도 먼저 자신을 아낄 줄 알아야 한다. 그런 다음에야 다른 사람을 아낄 수 있다.

이 세 가지는 어디까지나 내 마음에 남은 교훈일 뿐이다. 이 책에서 만나는 열두 명 아버지들의 삶에서 마음에 와닿는 내용은 읽는 이마다 다를 것이다. 그게 무엇이든 혼란한 시대를 살아가는 아버지로서 인생의 좌표 하나를 만날 수 있다면 이 책의 저자로서 더할 나위 없이 기쁘겠다.

6.
어설픈 시작의 변(辯)을 마칠 때가 되었다. 고려 말기의 대표적인 성리학자로 손꼽히는 목은 이색의 시 한 수로 마감한다. 이색은 장성한 아들 이종덕이 아버지를 그리며 개경에 올라왔을 때 이 시를 썼다. 시의 본래 제목은 〈부추귀경(副樞歸京)〉이다.

시골집에 틀어박혀 아비 오기를 기다리더니(占得村家待我歸)

개경으로 돌아온 아비를 또 이렇게 찾아왔구나(還京又欲觀庭闈).

아내도 없는 이 겨울, 너는 과연 어떻게 보낼까 싶었단다(過冬不可無中饋).

나와 너처럼 부자의 정이 깊은 사람은 세상에 드물 것이구나(慈孝俱豐 世所稀).

엄연한 시간과 공간의 간격을 넘어, 누구라도 이런 마음으로 살 수 있으면 좋지 않을까. 세상 돌아가는 씁쓸한 이야기가 그치지 않고 피어나는 세월이라 그런가. 속정이 깊게 느껴지는 옛이야기가 더욱 푸근하게 다가온다.

이 책이 빛을 보기까지 기꺼이 많은 도움을 주신 분들에게 감사드린다. 아울러 일상의 허다한 어려움을 견디고 묵묵히 버텨주는 가족의 사랑은, 내 마음을 비추는 한 줄기 등불임을 부끄러운 마음으로 고백한다.

2016년 겨울, 불악산(佛嶽山) 아래서
백승종

차 례

유배지의 아버지 — 정약용

"벼슬길에 오른 사람처럼 당당하라"

●

1800년 정조가 승하하자 다산(茶山) 정약용(丁若鏞, 1762~1836)은 전라도 강진으로 귀양을 갔다. 그는 그곳에서 18년 동안 가난과 고독을 벗하며 늙어갔다. 하지만 정약용의 푸른 뜻은 꺾이지 않았다. 그는 유배지에서 학문을 갈고닦아 혼탁한 세상을 구제할 뜻을 세웠다.

정약용에게는 멀리 경기도 양주 마재에 두고 온 가족이 있었다. 그는 아내와 자식들에 대한 그리움을 달래며 편지를 쓰고 또 썼다. 정약용이 절해고도의 벼랑 끝에 선 절박한 심정으로 가족에게 보낸 편지 가운데《하피첩(霞帔帖)》이 있다. 그것은 유배지에서 정약용이 아내의 낡은 치마폭을 잘라 만든 서첩이었다. 그 서첩에 아버지는 자식들에게 들려주고 싶은 인생의 교훈을 적었다. 위기에 처할수록 서로를 배려하고, 고난 속에서도 움츠려들지 말고 언제나 당당한 태도를 가지라는 아버지의 당부였다. 이 글은 바로 그《하피첩》에 관한 것이다.

우리가 살고 있는 21세기는 역사상 어느 때보다도 풍요롭고 안전한 것처럼 보인다. 그러나 반드시 그런 것만은 아니다. 현대 사회에는 정약용이 살았던 18~19세기에는 존재하지 않았던 위험하고 불안정한 요소가 있다. 만성적인 취업난과 넘쳐나는 비정규직, 불시에 찾아오는 구조조정의 회오리 같은 일상적 위기가 시민들의 삶을 위협하고 있다. 평범한 시민의 한 사람으로서 나는 '아버지 정약용'에게서 동병상련(同病相憐)의 감정을 느낀다. 그와 동시에, 정약용의 청고한 기개와 의연함을 떠올리며, 부럽고도 부끄러운 내 모습을 발견한다.

아내의 낡은 치마폭에 써 보낸 편지

2015년 10월 중순, 국립민속박물관은 귀중한 유물 한 점을 언론에 공개했다.《하피첩》(보물 제1683-2호)이 그것이다.

병든 아내 낡은 치마를 보내, 천리 먼 길에 애틋한 마음 전해 왔네.

오랜 세월에 붉은빛은 이미 바래, 늘그막에 드는 마음 서글픔
뿐이네.

마름질하여 작은 서첩으로 꾸며, 자식들 일깨우는 글귀를 적었
다오.

부디 어버이 마음 헤아려 오래도록 가슴 깊이 새겼으면 좋겠소.

1810년(순조 10) 초가을의 일이었다. 죄인 정약용은 10년째 유
배 생활을 하고 있었다. 그러나 유배에서 풀려날 조짐은 거의 없
어, 언제 집으로 돌아갈지 기약하기 어려웠다. 아내와 자식들에
대한 그리움과 걱정은 더욱 깊어졌다.

그 무렵 아내 홍씨 부인이 보낸 낡은 치마가 강진의 유배지
에 도착했다. 시집을 때 입었던 활옷, 곧 결혼 예복이었다. 다홍
치마 다섯 폭이었다.

정약용은 아내의 정에 가슴이 뭉클해졌을 것이다. 그는 한 가
지 결심을 했다. 낡은 치마폭을 자르고 중국산 종이를 오려붙여
아담한 서첩 하나를 제작할 생각이었다. 그리하여 이 서첩을 두
아들에게 주려고 했다.

당시 큰아들 정학연(丁學淵, 1783~1859)은 28세, 둘째 아들 정학
유(丁學遊, 1786~1855)는 25세였다. 서첩의 제목도 정했다. 하피첩.
'붉은 치마로 만든 서첩'이라는 뜻이다. 아버지는 이러한 특별한
방식으로 아내와의 사랑을 추억했고, 아들들에 대한 자신의 훈

계에 애틋함을 더했다.

정약용의 문집을 자세히 살펴보면 《하피첩》의 제작 경위를
상세하게 기록한 글 하나가 발견된다. '하피첩(霞帔帖)에 제함'《다
산시문집》제14권)이다. 거기에 읽는 사람의 심금을 울리는 글이 있
어 일부를 옮겨본다.

나는 이것(아내의 활옷)을 잘라내어 조그만 첩자(帖子)를 만들
고, 붓끝이 가는 대로 훈계하는 말을 써서 두 아들에게 전해주었
다. 훗날 그들은 내 글을 읽고 느끼는 바가 있으리라. 양친 부모의
손때 묻은 자취를 바라보면 그리운 마음이 뭉클 솟아날 것이 아
닌가.

《하피첩》은 이렇게 탄생했고, 그 집안의 가보가 되어 대대로
전해졌다. 서첩에 담긴 정약용의 가르침은 길이 후손들의 삶을
이끄는 지표가 되었다. 그러나 1950년 여름, 전쟁통에 서첩은
안타깝게도 분실되고 말았다. 그런데 2005년, 이 서첩은 폐지를
줍는 어느 할머니의 손수레에 실렸고, 그렇게 해서 다시 세상에
모습을 드러내었다.

인생의 봄날이 열리는 듯하였으나

천주교 탄압이 본격화되기 전까지만 해도 그의 가족은 남부러운 줄 몰랐다. 정약용의 집안은 남인을 대표하는 명문가였다. 조상 대대로 홍문관의 영예로운 벼슬을 거듭해서 '8대 옥당(玉堂, 홍문관) 집안'으로 명성이 자자했다.

영조 때는 한동안 조정에서 배제되는 등 곤경을 겪기도 했다. 그러나 정조가 즉위하자 벼슬길이 다시 열렸다. 정조는 탕평책을 추진해서 노론 위주의 조정에 일부 남인 학자를 등용하여 새로운 기풍을 조성했다. 정조는 남인의 영수 채제공을 등용하여 훗날 영의정에 임명하기도 했다. 청년 학자 이가환 등 남인들 가운데서도 학식이 높고 명망 있는 가문의 선비를 여러 명 발탁했다. 정약용도 그중 하나였다.

1783년(정조 7)에 정약용은 진사시에 합격했고, 6년 뒤인 1789년(정조 13)에는 문과에 급제했다. 어느 날 정조는 정약용에게 명령하여 화성 행차에 필요한 한강의 배다리를 만들게 했다. 또 그를 초계문신(抄啓文臣, 대신들이 추천한 유망한 젊은 관리)으로 뽑아 당대의 재사들과 어깨를 나란히 하며 조정의 반열에 들게 했다. 그때부터 정약용은 삼사(三司, 사헌부·사간원·홍문관)의 화려한 벼슬을 두루 역임한다. 경기도 암행어사에 발탁되어 상당한 업적을 남기기도 했다.

정조는 정약용의 재주를 아꼈다. 아버지의 상(喪)을 당해 벼슬을 떠나 있던 그에게 화성을 건설하는 데 필요한 여러 도구와 기계를 설계하도록 명령한 것만 보아도 알 수 있는 사실이다. 훗날 정약용은 그때의 사정을 이렇게 술회했다.

용(정약용)이 이에 기중가도설(起重架圖說)을 지어 올렸다. 활차(滑車)와 고륜(鼓輪)은 작은 힘을 이용해서 큰 무게를 옮길 수 있었다. 성을 짓는 일을 마치자 주상(정조)께서 말씀하셨다. "다행히 기중가(起重架)를 써서 돈 4만 냥의 비용을 줄였다."

정약용이 지은 〈자찬묘지명(自撰墓誌銘)〉에 나오는 말이다. 대개 사람들은 자신의 무덤에 파묻을, 일종의 전기인 묘지명을 직접 쓰지 않는다. 그러나 정치적 비운에 휘말려 가까운 친구와 친척들을 거의 잃은 정약용의 경우는 달랐다.

그는 1818년(순조 18) 유배에서 풀려났고, 그로부터 4년 뒤에 회갑을 맞았다. 회갑에 즈음하여 정약용은 파란 많은 자신의 삶을 되돌아보며, 〈자찬묘지명〉을 지었다. 무덤에 넣을 광중본(壙中本)과 훗날 문집에 실을 집중본(集中本)의 두 가지 형태로 기록했다. 그중 집중본의 내용이 훨씬 상세하다. 내가 인용한 〈자찬묘지명〉은 모두 집중본을 따랐다. 만일 정약용이 이처럼 상세한 자전적 기록을 남기지 않았더라면 어떻게 되었을까. 우리는 화성 건설에 사용된 기중가, 곧 일종의 기중기의 실체도 잘 알지 못했을 것이다. 정약용과 그의 시대에 관해서도 아마 제대로 된 지식을 얻기 힘들었을 것이다.

정약용이 속한 남인은 조정에서 소수파였다. 그럼에도 불구하고 그는 정조의 전폭적인 지지를 받으며 승진할 수 있었다. 30대의 젊은 나이에 이미 병조참지(정3품)와 형조참의(정3품)라는 고위직을 역임했다. 만약 이런 추세가 계속된다면 수년 뒤에는 정승 판서로 등용될 게 확실했다. 1780~1790년대의 젊은 정약용과 부인 풍산 홍씨, 그리고 어린 두 아들에게는 인생의 봄날이 한껏 펼쳐질 전망이었다.

그러나 정조가 죽자 천주교 문제가 크게 불거졌다. 1790년대에도 이미 시비는 두어 차례 일어났다. 그때는 정조가 적극적으로 비호해준 덕분에 큰 타격을 입지 않았다. 하지만 이제는 사정이 달라졌다. 정약용이 '여유당(與猶堂)'이란 호를 사용하게 된 배경이 그것이다. 여유당은 '겨울 내를 건너듯, 이웃을 두려워하듯' 조심스레 산다는 뜻이다. 정약용은 다가오는 정치적 위기를 직감한 듯 이런 호를 지어 스스로 조심했지만, 결국 화를 피하지 못했다.

조정에서 서학(西學), 즉 천주교를 본격적으로 탄압하게 된 데는 당시 조선 안팎의 정세가 작용했다. 18세기 초중반, 이웃나라 중국에서도 몇 차례 '교안(敎案)', 곧 천주교에 관한 사건이 일어나서 많은 사람들이 죽었다. 1724년 중국의 옹정제는 천주교 포교 금지령을 내렸다.

설상가상으로 1742년에 로마 교황 베네딕토 14세는 일체의 우상 숭배를 금지했는데, 여기에는 조상 숭배도 포함되었다. 이후 중국과 조선의 천주교 신자들은 조상에게 제사를 지내거나 사당에 위패를 모시고 받들 수 없게 되었다. 이 때문에 중국에서는 천주교 교세가 상당히 위축되었다. 18세기 중국의 천주교 신자 수는 30만 명을 헤아렸으나, 1800년경에는 20만 명으로 줄었다.

중국에서 천주교가 전대미문의 위기에 빠졌던 18세기 후반, 조선 사회에 천주교가 들어왔다. 후세의 관점에서 보면, 조선에서도 곧 천주교 박해가 시작될 것은 자명한 사실이었다. 그러나 안타깝게도 당시 천주교 신자들은 그런 정세 변화를 눈치채지 못했다.

초창기 한국 천주교회에서 지도적 역할을 수행한 이들은 정약용의 집안 사람들이었다. 1784년(정조 8) 1월, 정약용의 자형 이승훈(李承薰)은 사신 행차를 따라 베이징에 가서, 한국인으로서는 최초로 세례를 받고 돌아왔다. 그 영향으로 정약용의 형 정약종(丁若鍾)은 천주교 신학을 집중적으로 연구해서 조선의 대표적인 신학자가 되었다. 정약용의 또 다른 형인 정약전(丁若銓)도 천주교 신자였다. 정약용 자신도 예외가 아니었다. 그들과 친하게 지냈던 이벽, 이가환, 권철신 등 서울의 남인 학자들도 마찬가지였다.

더 정확히 말해, 정약용이 천주교를 처음 접한 것은 1784년(정조 8) 4월의 일이었고, 친구 이벽(李檗)을 통해서였다고 한다. 정약용은 그때의 일을 이렇게 술회했다. "갑진년(1784, 정조 8) 여름 이벽을 따라 두미협(斗尾峽)에서 배를 내려 비로소 서교(西敎)를 듣고 한 권의 서적을 보았다." 하지만 깊이 빠져들지는 않았다고 말했다.

하루아침에 폐족의 위기에 직면하여

조정에서 정약용의 천주교 신앙이 문제가 된 것은 1791년(정조 15)의 진산사건 때가 처음이었다. 전라도 진산(珍山)에 살던 남인 학자 윤지충과 권상연이 종교적 이유로 위패와 신주를 불사르고 제사를 없앤 사실이 발각되었다. 윤지충과 권상연은 참형에 처해졌지만 이 사건을 빌미로 서인이 남인을 공격하기 시작했다. 정약용의 외가가 윤지충과 친척이었기 때문에 정약용도 정치적으로 궁지에 몰리게 되었다.

1795년(정조 19)에 결국 정약용은 조정에서 쫓겨나서 금정찰방(지금의 충남 청양군, 당시는 홍주 땅)으로 좌천되었다. 그러나 거기에도 정조의 숨은 배려가 있었다. 그런 임금의 마음을 알았던 정약용은 이렇게 말했다.

금정역은 홍주 땅에 있다. 그 역(驛)에서 일하는 아전과 하인들 중에는 서교(西敎)를 믿는 사람이 많았다. 주상(정조)께서는 용으로 하여금 그들을 깨우치게 하여 서교를 금지하게 하려 하신 것이었다. (〈자찬묘지명〉)

정약용의 노력으로 아전들은 천주교를 배교했다. 그리하여 1795년 겨울, 정약용은 다시 조정으로 복귀했다. 그는 형조참의에 이어 우부승지, 좌부승지가 되어 정조를 측근에서 모셨다. 그럼에도 그는 신앙 문제로 반대파로부터 끊임없이 공격을 받았다.

1797년(정조 21)에 신변의 위기를 느낀 정약용은 자명소(自明疏)라는 일종의 반성문을 임금에게 제출했다. 젊은 시절 한때나마 천주교 신앙에 빠져든 잘못을 고백하고 용서를 빌었다. "책만 보고 만 것이 아니라 마음속으로 반기며 빠져들었습니다." 정조는 아끼는 신하에게 쏟아지는 비판이 잦아들기를 바라며, 이번에는 그를 황해도 곡산도호부사로 보냈다. 2년 뒤 조정에서 천주교에 대한 논란이 사그라지자, 정조는 그를 다시 불러들였다. 그가 서울로 "올라오는 도중에 동부승지에 제수하고, 도성에 들어오자 형조참의에 제수하였다." 정약용의 천주교 신앙 문제는 이렇게 마무리될 것 같았다.

그러나 1800년에 정조가 승하하고, 나이 어린 순조가 즉위하자 사정이 일변했다. 왕조의 전통에 따라 영조의 계비 정순왕후가 섭정을 맡았다. 정순왕후 일파는 천주교 문제를 크게 일으켜, 반대파를 모두 제거하고 자신들이 권력을 독점할 계획을 꾸몄다. 1801년(순조 1) 신유박해가 일어난 까닭이 거기 있었다.

정약용 삼형제를 비롯한 많은 사람들이 존망의 기로에 섰다. 희생자 중에는 노론과 북인도 일부 있었지만, 대부분은 정조가 중용한 남인 신서파(信西派), 곧 남인 출신 천주교 신자들이었다. 정씨 일가로서는 이른바 책롱(冊籠, 책을 넣은 대나무 그릇) 사건이 일어나는 바람에 더욱 곤경에 빠지고 말았다. 간단히 말해 정씨 집안에서 압수된 편지 가운데 천주교의 '삼구설(三仇說)', 즉 육신·세속·마귀가 영혼의 적이라는 내용이 있었다. 이를 빌미 삼아 관헌은 정씨 일가를 천주교 신자로 확신하고 엄벌을 서둘렀다.

(정약)용의 형 약전, 약종 및 이기양, 권철신, 오석충, 홍낙민, 김건순, 김백순 등이 차례로 옥에 들어갔다. 그런데 (문제의) 문서들 가운데는 도리어 (정약)용의 누명을 밝게 벗게 해줄 만한 증거가 많이 있었다. 그리하여 (정약용에게는) 형틀을 벗기고 의금부 안에서 자유를 허락했다. (〈자찬묘지명〉)

조사가 본격화되자 정약용이 천주교와 무관하다는 사실이 드러났다. 따라서 무죄로 풀려날 가능성이 컸다. 게다가 많은 대신들이 정약용의 무죄를 주장했다. 그러나 서용보(徐龍輔)가 유죄를 강력히 고집하면서 역풍이 불었다.

서용보는 정약용에게 깊은 원한을 품고 있던 인물이었다. 정약용이 경기 암행어사 시절에 그의 죄상을 적발한 사실이 있었기 때문이다. 결국 서용보의 주장대로 정약용은 중한 벌을 받았다. 그는 경상도 장기로, 그의 둘째 형 정약전은 전라도 신지도로 유배되었다. 셋째 형 정약종은 다른 천주교 신자들과 함께 형장의 이슬로 사라졌다.

그해에는 황사영 백서사건까지 일어나서 환란이 겹쳤다. 황사영은 정약용의 조카사위였는데, 그는 요행히 박해를 피한 천주교회의 젊은 지도자였다. 황사영은 신유박해 사건의 참혹한 전말을 기록하여 베이징의 천주교회에 보고할 작정이었다. 그기회를 빌려 그는 교황청에 청원하여 부디 중무장한 함대를 조선에 파견해서 신앙의 자유를 얻게 해달라고 썼다.

그런데 이런 내용을 담은 비밀문서가 국경을 넘기 전에 관헌에게 적발되고 말았다. 이 사건은 큰 파장을 몰고 왔다. 천주교를 탄압하는 불길이 더욱 거세졌고, 정약용의 집안은 완전히 쑥대밭이 되었다. 그야말로 '폐족(廢族)' 신세가 되어버렸다. 경상도 장기로 유배되어 있던 정약용은 다시 붙들려가서 혹독한 문초를 당하고 이번에는 전라도 강진으로 옮겨졌다.

"저쪽에서 돌을 던지면 옥돌로 보답하라"

한 해 두 해 유배 생활이 길어졌다. 그렇게 어느덧 10년째가 되었다. 정약용은 곧 풀려나리라는 희망을 버리지 않을 수 없었다. 1808년(순조 8) 봄, 정약용은 강진 읍내를 떠나 더욱 한적한 시골을 찾아나섰다. 유배가 길어지는 안타까운 현실을 묵묵히 받아들이고자 했다. 그는 고향 집에서 1천여 권의 장서를 옮겨다가 저술에 몰두하기로 결심했다.

무진년 봄에 다산(茶山)으로 옮겼다. 대(臺)를 쌓고 못을 파서 꽃과 나무를 심어놓고, 물을 끌어들여 비류폭포(飛流瀑布)를 만들었다. 그리고 동암(東庵)과 서암(西庵)의 두 암자를 수리해서 1천여권을 비치해두고 글을 지으면서 스스로 즐겼다."(〈자찬묘지명〉)

1801년에 정약용이 이 먼 곳으로 유배를 떠나올 때만 해도 큰아들 정학연은 열아홉 살, 둘째 아들 정학유는 열여섯 살이었다. 어느덧 그 아들들이 스물여덟 살, 스물다섯 살의 청년이 되었다. 유배지의 아버지는 두 아들의 성장이 대견스러우면서도 걱정과 염려가 없을 수 없었다. 이 아이들은 장차 어찌될 것인가? 아비가 날마다 부지런히 가르쳐도 부족한 점이 많을 텐데, 멸문의 화를 입어 가난과 한숨 속에서 긴 세월을 보내고 있으니 그게 걱정이었다.

천리 먼 길에 거듭 편지를 보내 타이른다 한들, 과연 자식들에게 무슨 소용이 있을까 하고 아버지는 염려했다. 고민 끝에 아버지는 특단의 조치를 취하기로 결심했다. 정약용이《하피첩》을 만든 배경이 그러하였다.

나는 아직《하피첩》의 실물을 직접 검토할 기회를 얻지 못했다. 그러나 그 내용을 잘 알고 있다. 서첩이 제작되던 그해 가을, 아버지 정약용이 동암에서 쓴 〈두 아들에게 주는 가계〉를《다산시문집》에서 발견했는데, 언론 보도를 통해 알려진《하피첩》의 내용과 정확히 일치한다. 상식적으로 보더라도 그렇다. 같은 시간, 같은 장소에서 아버지가 자식들에게 내려준 훈계의 내용이 크게 다를 턱이 없다.

정약용은 〈가계〉에서 장성한 두 아들에게 우선 '효제(孝悌)'에 힘쓸 것을 신신당부했다.《논어》에도 기록되어 있듯, "효제는 인(仁)을 행하는 근본이다." 알다시피 '효'는 부모님에 대한 사랑의 실천이요, '제'는 동기간의 사랑을 뜻한다. 요컨대 가족공동체 구성원 간의 사랑을 말한다.

〈가계〉에서 정약용은 '효제'의 개념을 좀 더 확장해서 바라보왔다. 멸문지경에 빠진 정씨 일가 전체를 효제의 대상으로 설정한 것이다. 그는 두 아들에게 사촌과 육촌까지 포함하는 친족공동체의 해체를 막고 결속을 다지라고 주문했다. 그의 집안은 신유박해로 풍비박산이 났다. 모두가 벼슬을 잃고 세상의 외면을 받아, "가난이 극심해졌기 때문에 한두 말의 곡식"으로 친척끼리 서로 다투고 끔찍한 말까지 일삼는 볼썽사나운 모습을 보였고, "원수가 되기 쉬운 상황이었다." 아버지 정약용은 그 점을 걱정하고 안타까워했다.

이러다가는 가문이 해체될 지경이었다. 이 위기를 어떻게 극복할 것인가? 아버지는 이렇게 주문했다. "저쪽에서 돌을 던지면 이쪽에서는 옥돌로 보답하라." 우리가 마음을 넉넉히 써야만 "모두가 감동하고 기뻐하며 저절로 화목한 가문이 된다"라고 했다. 위기에 처한 정씨 일가로서는 우선 "문호(門戶)를 보존"하는 것, 가족공동체의 결속을 다지는 것이 시급한 문제였다. 정약용이 아버지로서 이 점을 가장 강조한 것은 우연이 아니었다.

"절대 서울을 떠나지 마라"

이어서 아버지는 절대 서울을 떠나지 말라고 당부했다. "벼슬에서 물러나더라도 서울에 살 자리를 마련하라." 그 이유는 간단했다. "문화(文華)의 안목(眼目)을 떨어뜨리지 말아야 하기" 때문이었다.

지금은 내 이름이 죄인 명부에 적혀 있으므로, 너희에게 시골집에 숨어 지내라고 하였다. 그러나 미래에는 서울에서 가까운 10리이내에 살라. 가세가 쇠락하여 도성 안에 들어갈 형편이 못 되면, 근교에 터를 잡고 과일나무를 심고 채소를 가꾸며 생계를 유지하라. 그리하여 재산이 조금 모이면 서울 한복판으로 옮겨라.

이 가운데 실학자다운 말이 포함되어 있다. 형편이 힘들면 서울 근교에서 과수나무와 채소를 재배해서 생계를 꾸리라고 한 것이다. 정약용은 근교 원예농업의 경제적 가능성을 확신했고, 그래서 아들들에게 상업적 농업에 종사하라고 권한 것이다.

19세기 초반, 서울은 인구가 팽창하고 있었다. 자연히 근교에 살며 원예로 재미를 보는 농민들이 적지 않았다. 정약용은 아들들이 원예 농사를 잘 지으면 생계를 유지할 수 있을 뿐만 아니라, 부자가 될 수도 있다고 확신했다.

이 같은 맥락에서 정약용은 자식들에게 '근검'한 생활을 주문하기도 했다. "내가 굶어 죽은 사람들을 살펴보니, 게으른 사람이 대부분이었다. 하늘은 게으른 이를 미워하여 벌을 내린다." 이렇게 말하며 아버지 정약용은 "두 글자의 신부(神符)"를 자식들에게 내렸다. "한 글자는 '근(勤)'이요, 다른 글자는 '검(儉)'이다."

근(勤)이란 무엇인가? "온 집안사람들이 위아래, 남자 여자를 막론하고 단 한 사람도 놀고먹는 경우가 없는 것이다. 그들이 한순간도 한가한 시간이 없이 애쓰는 것이 근(勤)이다."

검(儉)은 무엇일까. "의복은 몸을 가릴 수 있으면 족하다." 또 "음식은 목숨만 연장하면 된다." 이처럼 비상한 각오로 평생을 부지런히 일하며 참고 견뎌서, 몰락한 가문의 신세를 벗어나자는 것. 이것이 아버지 정약용의 염원이었다.

정약용의 훈계 중에는 우리가 선뜻 납득하기 어려운 점도 있다. 그가 아들들에게 수도권 사수를 주문한 점이다. 문제의 핵심은 서울과 지방의 현격한 문화 수준 차이였다. 이것이 아버지 정약용을 괴롭히는 현안이었다. 그 점을 그는 이렇게도 말했다.

"잠깐의 분노를 참지 못하고 먼 시골로 내려가버린다면, 결국 대대로 비천한 무식꾼이 되고 말 것이다."

아버지 정약용은 관직 생활을 통해서, 그리고 유배지에서의 경험을 통해서 지방의 낙후된 문화 생활에 절망했다. 그것은 개인의 노력으로는 도저히 극복할 수 없는 것이었다. 그리하여 자식들에게는 수도권을 절대로 떠나지 말라고 당부했다.

그로부터 200년이 지난 21세기에도 이런 문제점은 개선되지 않고 있다. 아직도 많은 사람들이 생활에 쪼들리면서도 자녀 교육 때문에 값비싼 수도권 거주를 포기하지 못하고 있다. 안타까운 일이 아닐 수 없다.

정약용의 훈계를 좀 더 살펴보자. 잘나가던 집안이 갑자기 몰락하게 된 이유가 무엇인가? 그것은 당쟁의 폐단에서 비롯되었다. 아버지 정약용은 자식들에게 파당적 사고에서 한시바삐 벗어나라고 촉구했다. 그의 가르침은 지역 갈등이 심한 오늘날에도 귀 기울여 들을 만한 내용이다.

우리 집안은 선대로부터 붕당(朋黨) 문제에 관계하지 않았다. 더구나 (우리가) 곤경에 처하자 그때부터는 괴롭게도 옛 친구들이 (우리 집안을) 연못에 밀어넣고 돌을 던지는 수모를 당하고 말았다. 너희들은 이런 내 말을 명심하라. 당파의 사사로운 마음을 부디 깨끗이 청산해버려야 한다.

끝으로 〈가계〉에서 정약용은 두 아들에게 언제나 명랑하고 밝은 마음을 가지라고 주문했다. "몰락하여 버림받은 집안 사람들은 세상이 태평해도 늘 걱정이 많다." 그들 당사자뿐만 아니라, "친하게 지내는 사람들도 모두 세상의 버림을 받아 벼슬길이 막혀 원망하고 지내는 부류라서 그런 것이다." 하지만 절망감이 깊으면 재기의 기회를 영영 얻지 못할 것이라고 했다.

그래서 아버지는 이렇게 당부했다. "진심으로 너희에게 당부하거니와 늘 심기(心氣)를 화평하게 가져라. 벼슬길에 오른 사람들과 다름없이 당당하여라." 늘 진취적이고 긍정적인 태도, 이것 이야말로 뜻하지 않은 불운에 대처하는 자세이자 처지를 반전 시키는 열쇠다. 폐족이 되어 어깨가 축 처진 가족에게 정약용은 '당당해지라'는 충고를 보냈다.

아들에게 권한 공부법

정약용은 가족에게 자주 편지를 보냈다. 《다산시문집》에는 그가 쓴 편지가 다수 수록되어 있다. 그 가운데는 앞에서 언급 한 〈가계〉와 일맥상통하는 것도 많지만, 다른 내용도 적지 않다. 무엇보다 내가 주목한 것은 독서에 관한 가르침이었다. 예컨대 〈두 아들에게 부침〉에는 다음과 같은 구절이 있다.

내가 지난번에도 거듭 말하였듯이, 청족(淸族, 죄를 입지 않은 양반 집안)은 독서를 하지 않아도 저절로 존경을 받는 법이다. 하 지만 (너희처럼 가문이) 폐족이 된 처지라면 학문에 힘쓰지 않으 면 (그 형편이) 더욱 가증스럽게 되고 만다. 지금 너희들은 스스로 를 천시하고 비루하게 여기지만, 그런 태도야말로 너희 스스로를 비통하게 만드는 꼴이다. 너희들이 끝끝내 공부를 하지 않고 자포 자기하고 만다면, 나의 저술이며 내가 간추려 뽑은 글들은 장차 누가 책으로 엮고 교정해서 보존하겠느냐?

이처럼 아버지는 실의에 빠진 아들들을 격려하고 채찍질했다. 큰아들 정학연에게는 몇 마디 다정한 말로 독서할 것을 고무했다. "요 몇 해 전에 네가 지은 글은 현재의 나로서도 따라갈 수 없는 것이 더러 있더구나." 이렇게 다독이며 말을 이어갔다. "지금 너는 과거에 응시할 수도 없는 처지이니", "진정으로 독서할 기회를 만난 것이다. 내가 '폐족의 처지를 잘 대처한다'라고 말한 것은 이런 것이다."

둘째 아들 정학유에게도 격려의 말을 아끼지 않았다. "너는 재주와 역량이 너의 형보다는 조금 못 한 듯해도, 성품이 더 자상하고 사려가 깊다. 진실로 독서하는 일에 전념한다면 어찌 너의 형보다 도리어 낫지 않겠느냐."

정약용은 한편으로 두 아들에게 독서를 권하면서도 경계의 말을 잊지 않았다. 특히 소품(小品)을 비롯하여 중국에서 들어온 새로운 문예사조에 휩쓸리지 말라고 신신당부했다.

근래에 나이 젊은 소년들이 원나라와 명나라의 경박한 사람들이 지은 보잘것없는 문장을 모방해서 절구(絶句)나 단율(短律)을 짓고, 건방지게도 당세에 뛰어난 문장이라고 자부한다.

소품은 명·청 시대에 유행했던 산문의 한 형식으로, 일상적 소재를 가지고 개인의 감정을 짧게 쓴 것인데, 이런 글쓰기가 조선에도 들어와서 크게 유행했다. 하지만 이를 잡문이라 여기며 비판하는 세력이 있었고, 문체순정운동이 일어났다. 이런 상황에서 정약용은 아들들이 장차 무슨 책을 읽어야 할지 구체적인 지침을 내려주었다.

문장은 우선 경학(經學)으로 근기(根基)를 확고히 세운 뒤에 사서(史書)를 섭렵해서 정치의 득실과 치란(治亂)의 근원을 밝혀야 한다. 또 실용 학문에 마음을 두어 옛사람들이 지은 경제(經濟)에 관한 서적을 즐겨 읽어야 한다. 그리하여 마음속으로 항상 만백성을 윤택하게 하고 만물을 기르려는 마음을 세웠으면 좋겠다. 비로소 독서하는 군자가 되는 방법이 그것이다.

정약용은 유교 경전을 토대로 삼되, 역사책을 두루 섭렵하고 실용적 사상에 눈떠야 한다고 자식들을 일깨웠다. 특히 이 땅의 선배 학자들이 남긴 지적 전통에 유념하라며 다음과 같이 타일렀다.

수십 년 전부터 괴이한 주장이 횡행한 나머지 우리나라의 지적 성과를 우습게 알아, 선현의 문집을 읽지 않는 풍습이 있다. 이것은 큰 병통이다. 사대부의 자제가 국조(國朝, 조선 왕조)의 고사(故事)를 알지 못하고 선배의 문집을 읽지 않는다면, 그의 학문이 설사 고금을 꿰뚫었다 할지라도 조잡할 뿐이다. 시집(詩集) 따위를 읽는 것은 급하지 않다. (선배들의) 상소문, 차자(箚子), 묘문(墓文), 편지(書牘) 등을 읽어 모름지기 안목을 넓히라.

정약용이 지적 전통을 강조했다는 점은 아무리 강조해도 부족할 것이다. 우리는 아무리 문제가 많더라도 이 땅에서 살 것이며, 우리의 문제는 우리 스스로가 해결해야 한다. 그런 점에서 선학(先學)의 지적 고뇌를 바탕으로 삼는 것이 마땅하다. 아버지 정약용은 그런 점을 투철하게 인식했다.

1808년(순조 8) 겨울, 〈연아(淵兒)에게 부침〉이란 편지에서도 그와 같은 확신이 뚜렷이 나타나 있다.

(유교 경전 공부의) 여가에 《고려사(高麗史)》·《반계수록(磻溪隨錄)》(유형원의 저서), 《서애집(西厓集)》(유성룡의 문집), 《징비록(懲毖錄)》(유성룡이 임진왜란 때의 실상을 회고한 글), 《성호사설(星湖僿說)》(이익의 저서), 《문헌통고(文獻通考)》(송나라의 문물과 제도를 기록한 일종의 백과사전) 등의 서적을 읽으면서 그 요점을 초록하는 일 또한 게을리 해서는 안 될 것이다. (설사 부득이하게 시를 쓰더라도) 모름지기 《삼국사(三國史)》, 《고려사》,

《국조보감(國朝寶鑑)》,《여지승람(輿地勝覽)》,《징비록》,《연려실
기술(燃藜室記述)》을 비롯한 우리나라의 여러 문헌을 구해서 역
사적 사실을 채집하고, (관련이 있는) 지역을 고찰해서 시어로 활
용해라. 그렇게 해야 세상에 이름을 얻을 수 있고, 후세에 남을 작
품이 될 것이다.

오랜 세월 멀리 떨어져 지내는 아버지 마음

아무래도 아버지의 마음은 놓이지 않았다. 고향에 두고 온
아들들이 보고 싶기도 했고, 아들들을 그대로 방치해두었다가
나중에 후회할 것 같은 염려가 들었다. 〈연아(淵兒)에게 부침〉에
는 정약용이 큰아들에게 다녀가라고 말한 사정이 낱낱이 기록
되어 있다. 그때 강진의 다산초당에는 둘째 아들 정학유가 아버
지와 함께 머물고 있었다.

지금 생각으로는 경오년(1810) 봄에 네 아우를 돌려보내려 한
다. 그전까지 너는 세월을 허송하려 하느냐? 여러모로 잘 생각해
서, 집에 있으면서도 공부할 가망이 있거든 네 아우가 돌아갈 때까
지 기다렸다가 동생과 교대하게 이곳으로 오라. 만일 사정상 (집에
서 공부가 될) 가망이 전혀 없거든, 내년(1809) 봄에 날씨가 좀 따

뜻해지면 만사를 제쳐두고 이리 내려와서 함께 공부하도록 해라.

정약용은 아들들이 반드시 강진의 유배지로 내려와야 하는 이유를 세 가지로 요약했다.

첫째로, 나날이 네 마음씨가 나빠지고 행동이 비루해져가기 때문에 여기 와서 가르침을 받아야 하겠다. 둘째로, 네 안목이 좁아지고 지기(志氣)를 잃어가기 때문이다. 이곳에 와서 배워야 하겠다. 셋째로, 너의 경학(經學)이 조잡해지고 식견이 텅 비어가는 것도 걱정이다. 그러니까 여기 와서 공부를 해야겠다. 소소한 사정들은 돌아볼 필요도 없다.

유배지에서조차 정약용은 두 아들의 장래를 염려하느라 한시도 마음을 놓지 못했다. 이것은 인지상정일 것이다. 세상 모든 아버지의 마음일 것이다. 청소년기의 자녀를 둔 부모라면 누군들 그러지 않겠는가. 다만 보통 사람에 불과한 우리로서는, 정약용처럼 자신 있게 자녀를 지도할 역량이 없어 한스러울 뿐이다.

유배라는 형벌은 하늘이 주신 기회

아버지의 훈계가 말에 그칠 뿐이라면 무슨 소용이 있겠는가? 아버지 정약용은 유배라는 형벌을 하늘이 주신 기회로 삼았다.

> 소싯적에는 학문에 뜻을 두었으나, 지난 20년 동안 세상맛에 빠져 선왕(先王)의 가르침을 잊고 지냈다. 이제 마침 여가를 얻었도다! (〈자찬묘지명〉)

그는 유배지의 곤경에서도 학문에 정진하여 500권이 넘는 저술을 남겼다. 후세는 그에게 실학사상의 집대성자라는 칭호를 바쳤다.

그가 스승처럼 여긴 둘째 형 정약전 역시 유배지에서 학문을 게을리 하지 않았다. 1816년에 정약전은 끝내 유배지 흑산도에서 숨을 거두었지만, 그는 후세에 《자산어보(玆山魚譜)》라는 선물을 남겼다. 이 책에는 당시 흑산도 근해에 서식하던 동식물 155종의 명칭과 분포, 생김새, 습성 등이 꼼꼼히 기록되어 있다.

정약용 역시 불굴의 의지를 불태우며 학문에 전심했다. 주로 유교 경전인 육경사서(六經四書, 10종의 유교 경전)를 연구했다. 그는 원시(原始) 유학의 연구에 천착하여, 자신의 내면적인 덕성을 함양하고자 했다. 그의 학문적 열정은 유배지에서 실로 많은 저술을 낳았다.

후세는 그 가운데서도 '일표이서(一表二書)'를 대표작으로 손 꼽는다. 일표이서란 정치제도의 개혁을 제안한《경세유표(經世遺表)》, 지방행정의 실무 편람에 해당하는《목민심서(牧民心書)》, 공 정한 재판을 위해 쓴《흠흠신서(欽欽新書)》를 말한다.

정약용의 개혁사상은 온건한 편이었다. 혁명적인 이론가라기 보다는 유가의 전통인 '왕도정치'를 구현하기 위해 구체적인 방 법을 모색하는 데 초점을 두었다. 그의 사상적 특징은 네 가지 로 요약할 수 있다.

첫째, 그는 조광조를 비롯한 선배 학자들과 마찬가지로 '군 신공치(君臣共治)'를 옳게 여겼다. 그런 점에서 그를 총애했던 정 조와는 상당한 거리가 있다. 정조는 초계문신 제도를 통해 신하 들과의 사적 관계를 강화했다. 정조는 바로 그런 관계를 바탕으 로 왕권을 강화할 생각이었다. 그러나 정약용은 초계문신 제도 를 비판하고, 왕과 신하 사이에는 어느 정도 거리가 있는 것이 좋다고 주장했다. 요컨대 정약용은 조선 왕조의 기본 틀을 중시 했다. 왕과 신하, 각 관청 간의 견제와 균형이 통치의 요체라는 입장이었다.

둘째, 정약용은 경제정의의 실현을 추구했다. 정전제(井田制)를 실시하여 자영농민을 보호하고, 상인과 수공업자들의 생계를 보장해야 한다고 여겼다. 그런 점에서 화폐의 유통, 광산개발이 필수적이라고 주장했다. 당시 일본과 중국 사회는 이미 그런 방향으로 나아가고 있었다.

셋째, 바로 앞에서 말한 점에서 정약용의 사상은 북학파와 일맥상통한다. 그는 이용감(利用監)을 설치해서 청나라의 선진기술을 도입하자고 주장했다. 또 전함사(典艦司) 및 전궤사(典軌司) 등을 신설해서 교통과 산업을 발전시키자고 했다.

넷째, 그럼에도 가장 중시한 산업은 역시 농업이었다. 그는 조헌, 유수원, 이익 등의 전통을 계승하여, 직접 농사를 짓지 않는 사람은 토지를 소유할 필요가 없다고 주장했다. 또 벼슬이 없는 선비들은 '이용후생(利用厚生)'을 위해 더욱 노력해야 한다는 주장을 폈다. 실제로 당시 중국과 일본이 그런 방향으로 변화하고 있었으나 안타깝게도 조선의 현실은 그의 바람과 큰 차이가 있었다.

요컨대 정약용의 개혁사상은 19세기 초반까지 조선 사회에 다양한 모습으로 존재했던 개혁의지를 집대성한 것이었다. 그것은 빈곤과 사회적 억압에 시달리던 백성들에 대한 사랑의 표현이었다. 그는 시대의 모순과 한계를 극복하기 위해 애쓰던 실천적 지식인의 본보기였다.

한마디만 더 덧붙인다면, 실학자 정약용의 사상적 형성에 가장 크게 기여한 것은 성호(星湖) 이익(李瀷, 1681~1763)의 학문이었다. 일찍이 1776(영조 52)년부터 정약용은 이익의 뜻을 잇기로 결심했다. 당시 남인으로 문명이 높았던 이가환과 매부 이승훈 등도 마찬가지였다.

이공가환(李公家煥)이 문학으로 한세상에 명성을 떨쳤고, 자부(姉夫) 이승훈(李承薰)도 몸을 단속하고 뜻을 가다듬었다. 그들은 모두 성호 이 선생(李先生) 익(瀷)의 학문을 조술(祖述)하였다. 용(鏞, 정약용)도 성호의 유저(遺著)를 읽고 나서 기뻐하며 배우기로 결심하였다. (〈자찬묘지명〉)

이익은 정약용보다 한 세대 앞서 제도개혁의 중요성을 절감했다. 가령 과거제도의 폐단을 지적하고 몇 가지 개선책을 제시했다. 정약용은 이를 받아들여, 일체의 비정규 시험을 없애자고 주장했다. 18세기 조선에서는 문벌 양반들의 요구로 비정규 과거시험이 빈번하게 실시되어, 합격자 수가 폭발적으로 증가했다. 자연히 과거시험에 합격하고도 변변한 관직을 얻지 못하는 사람이 많았다. 이러한 풍조는 과거시험 본래의 취지에서 벗어난 것이었다. 이웃나라인 중국의 명·청(明淸) 사회가 정규 시험만을 시행한 것과도 사뭇 달랐다. 이익과 정약용 등은 이러한 폐단을 없애야 한다고 생각했다.

그들은 과거시험의 과목도 바꾸자고 제안했다. 유교 경전 외에도 중국 및 조선의 역사를 시험 과목에 추가하고, 행정실무에 관한 내용 및 활쏘기, 곧 시사(試射)도 포함시키자는 견해였다.

정약용이 유배에서 풀린 것은 1818년(순조 18), 그의 나이 57세 때였다. 중간에 몇 차례 해배(解配, 유배에서 풀림)될 것처럼 보였으나, 끝내 일이 꼬였다. 1816년(순조 16) 5월에도 그런 일이 있었다. 〈연아(淵兒)에게 답함〉에는 당시 정약용의 처연하고도 의연한 심사가 잘 드러나 있다. 그는 이렇게 스스로를 위로했다.

내가 살아서 고향으로 돌아가는 것도 천명이요, 살아서 돌아가지 못하는 것도 천명이다. 그러므로 사람으로서 해야 할 도리를 닦지 않고, 천명만을 기다린다면 이것은 이치에 어긋나는 일이리라. 나는 사람으로서 닦아야 할 도리를 다했다. 사람이 닦아야 할 도리를 이미 다했는데도 만약 끝끝내 돌아가지 못한다면, 이 또한 천명인 것이다.

과연 하늘도 무심하지 않았던 것일까. 그로부터 2년 뒤에 정약용은 고향 마재로 돌아왔다. 그러고는 다시 18년 동안 연구와 저술에 몰두했다. 《상서(尙書)》 연구와 《매씨서평(梅氏書平)》의 증보작업을 마쳤고, 《아언각비(雅言覺非)》 등도 저술했다. 또한 유배지에서 미처 마무리하지 못한 저술을 하나씩 차례로 완성해나갔다. 정약용은 다시는 조정에 발을 들여놓지 못한 채, 1836년(헌종 2) 75세를 일기로 눈을 감았다.

한마디로 그의 학문은 이익의 제도개혁 사상을 계승하면서도 중국의 고전에 관한 폭넓은 연구로 확대되었다. 총 500여 권에 이르는 그의 저서는 사후에 《여유당전서(與猶堂全書)》로 정리되었다. 정약용은 〈자찬묘지명〉에서 그의 저술이 크게 두 종류로 나뉜다며, 유교 경전에 관한 저술이 232권, 시문이 260여 권이라고 말했다. 이처럼 풍성한 그의 학문적 성과를 칭송하는 목소리는 남인뿐만 아니라 노론 가운데서도 나왔다. 김매순(金邁淳)은 이런 평가를 내렸다.

유림(儒林)의 대업(大業)은 (주자가 죽은 뒤로) 크게 떨치지 못하였다. 그런데 뜻하지 않게도 적막한 천 년이 지난 오늘날, 학문의 전통이 취약한 구이(九夷, 동쪽의 오랑캐로 불리던 동이족, 여기서는 조선인을 뜻함) 가운데서 이처럼 뛰어난 기이한 일(즉 정약용이 이룬 학문적 위업)이 일어났도다.

흙수저 아들의 재기

큰아들 정학연도 일가를 이루어, 19세기 노론의 대학자 완당(阮堂) 김정희(金正喜)의 벗이 되었다. 초의선사를 김정희에게 소개한 사람이 바로 정학연이었다. 김정희는 노론 명가의 후예였으나 노론 내부의 당파 싸움에 희생되어, 오랜 세월 동안 유배의 고통에 시달렸다. 마치 남인의 총아였던 정약용이 천주교를 박해하는 남인 내부 공서파(攻西派)의 공격 때문에 20년 가까이 강진에 유배된 것과도 같은 처지였다. 자파(自派)의 정치적 모략에 시달렸던 김정희와 정약용 일가는, 그래서 서로의 고충을 쉬 이해할 수 있었을 것이다. 당파 싸움에 지쳐 있던 두 집안 사람들은 알게 모르게 서로 가까워져서 친교를 맺기에 이르렀다. 실학의 발전을 위해 다행한 일이었다.

정약용의 장손 정대림도 학문에 힘써 호군(護軍, 정4품 벼슬)의 칭호를 얻었고, 그 아들 정문섭도 사헌부 지평을 지냈다. 정약용의 둘째 아들 정학유도 부친의 '실사구시' 정신을 이어 〈농가월령가〉를 지었다. 정학유의 큰아들 정대무는 북청현감이 되었는데, 그를 포함한 정약용의 손자 삼형제는 고종 때 온건개화파의 영수였던 운양(雲養) 김윤식(金允植)과도 교제했다. 이로써 정약용의 저술이 근대화를 꿈꾸는 개화사상가들에게도 널리 알려지게 되는 계기가 마련되었다.

1910년에 조선은 민중의 비원 속에 쓰러지고 말았으니 그들의 성취가 우리의 마음에 흡족하지는 못하다. 그러할지라도 아버지 정약용의 가르침이 세월의 모진 풍파 속에서도 대대로 이어져 멸문지화의 지경을 당하지 않은 것은 큰 다행이었다. 당시 정약용의 자식들은 요즘 흔히 하는 말로 '흙수저'를 물게 되었다. 하지만 아버지의 가르침을 가슴에 깊이 새긴 덕분에 재기할 수 있었다.

가족이 위기 상황에 빠질수록 더욱더 서로 배려하고, 가족의 문화적 수준을 높이고 가풍을 잇기 위해 노력하며, 당당한 태도를 잃지 말라는 아버지의 당부. 이것은 21세기에도 여전히 살아 있는 가르침일 것이다. 설사 흡족하지 못한 점이 있더라도 이 땅의 지적 전통을 소중히 여기고, 언제 어떠한 상황에서라도 한 인간으로서 성실한 태도로 삶을 대하는 것 역시 가치 있는 일이리라.

아버지 정약용의 가르침

• 배려하고 양보하여 가족 해체를 막아라.
• 서울 부근에 살며 높은 문화 수준을 유지하라.
• 늘 심기(心氣)를 화평하게 하고 진취적인 태도를 가져라.

더 읽을 거리

박석무, 《다산 정약용 평전: 조선 후기 민족 최고의 실천적 학자》, 민음사, 2014.

정민, 《다산선생 지식경영법: 전방위적 지식인 정약용의 치학 전략, 다산치학 10강 50목 200결》, 김영사, 2006.

정약용, 《아버지의 편지: 다산 정약용 편지로 가르친 아버지의 사랑》, 함께읽는책, 2004.

한 시대의 아버지

이황

잔소리 대신 편지로
아들을 일깨우다

퇴계(退溪) 이황(李滉, 1501~1570)을 모를 사람은 없다. 조선 성리학의 최고봉에 그가 있었다. 하지만 그는 요즘말로 '꼰대' 선비가 아니었다. 유유자적하는 신선과도 같았다. 〈도산에서 뜻을 말하다〉라는 한 편의 시를 보라. 그러한 풍모가 손에 잡힐 듯 다가온다.

　서당이 반이나 지어져 절로 기쁘구나(自喜山堂半已成).

　산속에서 살면서도 몸소 밭갈이는 하지 않았지(山居猶得免躬耕).

　책을 하나씩 옮기고 보니 상자가 다 비어간다(移書稍稍舊龕盡).

대나무 심자 죽순 새로 돋는구나 (植竹看看新筍生).

샘물 소리, 밤의 정적 깨는 줄도 모르겠네 (未覺泉聲妨夜靜).

산 빛 아름다운 맑은 아침, 더더욱 좋아라 (更憐山色好朝晴).

예부터 숲 속 선비는 만사를 잊고 (方知自古中林士).

이름 숨긴 뜻을 이제야 알겠네 (萬事渾忘欲晦名).

이황은 순수한 시정의 소유자였다. 제자 정유일(鄭惟一)의 시평이 정곡을 찌른다.

이황의 시는 맑고 엄하며 간결하고 담박하였다. 그는 젊어서 두보의 시를 배웠고, 노년에는 주자의 시를 사랑하였다. 선생의 시는 마치 그분들의 붓끝에서 나온 것처럼 품격이 높았다.

이황은 많은 제자들로부터 지극한 존경을 받았다. 이황의 일상생활을 증언하는 기록이 충실한 이유다. 정유일의 증언에 따르면, 선생은 날이 밝기 전에 일어났다. 의관을 갖추고 서재에 들어가서 자세를 가다듬고 단정히 앉았다. 그런 다음에는 아무것에도 기대지 않고 꼿꼿이 앉아 종일 책을 읽었다. 때로 조용히 생각에 잠기기도 하고, 나지막하게 시(詩)를 읊기도 했다(《언행록》 2권).

이황의 책상은 말끔하고 깨끗했다. 벽을 가득 메운 책들은 순서에 맞춰 가지런히 정리되어 있었다. 더러 피곤을 느끼면 어떻게 했을까. 그럴 때마다 잠깐 강가의 누대에 나아갔다. 책상에 기대어 잠시 쉬기도 했다.

이황의 말씨는 부드럽고 온화했다. 어느 누구와도 다투지 않았다. 그러나 고위관리, 즉 대부(大夫)들과 나라의 현안을 논의할 때만큼은 달랐다. 이황은 정색을 한 채 끝까지 시비를 따져, 올바른 결론에 도달하고자 애썼다. 그는 평소 언변이 유창한 편은 결코 아니었다. 그러나 학문적 토론을 벌일 때는 달랐다. 그는 명쾌하게 주장을 폈고, 의심스럽거나 불분명한 표현을 한 번도 쓰지 않았다.

부부관계의 책임은 남편에게 있다

남편은 아내를 공경해야 한다. 이런 말이 어쩌면 의외로 들릴지도 모르겠다. 이황은 평화로운 가정생활을 진정으로 추구한 사람이었다. 결혼생활이 순탄하지 못해서 더욱 그랬던 것일까.

《퇴계선생연보》에 따르면, 이황은 스물두 살에 허씨 부인과 결혼했다. 두 해가 지나 큰아들 준(寯)이 태어났고, 다시 4년이 지나서 둘째 아들 채(寀)를 얻었다. 하지만 산고 때문인지 허씨 부인은 곧 세상을 떴다. 이황의 나이 스물일곱 살의 일이었다.

그로부터 3년 뒤에 이황은 봉사 권질(權礩)의 딸과 재혼했다. 그런데 권씨에게는 깊은 병이 있었다. 자녀를 낳지 못했고, 마음도 잘 맞지 않았다. 훗날 이황은 제자에게 보낸 편지(《이평숙에게 주다》)에서 자신의 불편했던 속내를 이렇게 털어놓았다.

나는 두 번 장가들었지만 늘 불행했습니다. 그래도 아내를 탓하는 야박한 마음을 갖지 않으려고 애썼습니다. 그렇게 지낸 날이 수십 년이었습니다. 그러는 사이 몹시 괴롭고 심란해, 참지 못할 지경이 된 적도 있었지요. 그렇다고 해서 내 마음대로 대륜(大倫)을 가볍게 여겨(즉 이혼해서), 홀로 계신 어머님께 근심을 끼칠 수야 있었겠습니까.

이황은 그런 불행한 결혼생활을 겪었기에 조화로운 부부관계의 소중함을 누구보다 깊이 깨달은 사람이었다. 1560년(명종 15), 예순 살이 된 그는 갓 결혼한 손자 이안도(李安道)에게 이렇게 타일렀다.

"무릇 부부란 인륜의 시작이고 만복의 근원이다. 아무리 친하고 지극히 가깝더라도 서로 바른 태도로 지극히 삼가야 한다."

그런데 현실에서는 부부 사이가 안 좋아 마음고생을 하는 사람이 많다. 이황은 그 이유를 이렇게 말한다. "세상 사람들은 서로 예로 섬기고 공경하는 법을 잊어버렸다." 그 해결책은 무엇일까.

"집안을 바르게 하려면, 마땅히 시작을 조심해야 한다. 너는 천 번 만 번 경계하여라."

여러 문헌에서 확인되듯, 16세기 조선 사회에도 결혼생활이 파탄지경에 이른 부부가 많았다. 이황 자신의 경우도 예외가 아니었다. 결코 행복한 부부생활을 누렸다고 할 수 없는 그로서는 문제의 본질을 곰곰이 생각하지 않을 수 없었으리라.

"세상에는 아내를 박대하는 사람들이 있다. 부부간의 정의가 이래서야 되겠는가."

다른 제자에게도 그런 말을 했다. 남편의 책임이 더 크다는 말이다.

부부 사이로 갈등하다가 끝내는 스승에게 조언을 구하는 제자들도 있었다. 그럴 때면 스승은 친절하게 장문의 답장을 써서 제자를 일깨우고 격려했다. 흥미롭게도 이황은 결혼 파탄의 책임을 남편에게 찾는 경우가 많았다.

"남편이 반성하여 자신에게 책임을 돌리고, 힘을 다해 부부의 도리를 잃지 말아야 합니다. 그러면 대륜(大倫)이 무너지는 지경이 되지는 않을 것입니다."

이황은 당시 여성의 사회적 처지가 얼마나 열악한지를 정확히 인식하고 있었다. "옛날에는 쫓겨난 부인이라도 다시 시집 갈 길이 있었습니다. 그때는 칠거지악을 저지른 아내를 친정으로 돌려보낼 수도 있었습니다. 하지만 오늘날은 다릅니다. 부인들이 일부종사(一夫從事)하며 평생을 보내야 하게 되었으니, 설사 마음에 맞지 않더라도 그런 이유로 아내를 남처럼 취급하거나 원수마냥 대하면 안 됩니다."

제자에게 보낸 답장에서 이황은 남편이 "거듭 깊이 생각하여 경계하고 시정하는 것"이 답이라고 조언했다. 그러면서 사안의 중요성을 재차 강조했다. "부부 문제를 바로잡지 못한다면 우리가 어찌 학문을 한다고 하겠으며, 무엇을 실천한다고 말하겠습니까?" 선비라면 누구나 아내와 평생 동안 서로 공경하여, 화목한 가정을 이루어야 한다. 이황은 이러한 신념을 스스로도 끝까지 실천했다.

살림살이와 공부 어느 것도 소홀히 하지 말 것

이황은 음식을 먹을 때 수저 소리를 내지 않았다. 밥상에 오르는 반찬이 세 가지를 넘지 못하게 했다. 여름에는 건포 한 가지일 때도 있었다. 퇴계의 제자였던 김성일(金誠一)은 스승을 모시고 서당에서 함께 식사했는데 반찬은 가지 잎, 무, 미역이 전부였다고 회상했다.

반찬에 관한 일화가 없을 수 없다. 이황이 벼슬하느라 서울의 서쪽에 살고 있을 때였다. 좌의정 권철이 그의 집에 찾아왔다. 식사 때가 되자 밥상이 나왔는데, 특별한 반찬은 하나도 없었다. 그런데 이황은 마치 진미(珍味)라도 되는 양 맛있게 먹었다. 거친 음식에 익숙하지 않은 정승은 젓가락만 들었다 놓았다 할 뿐이었다.

이처럼 검소한 이황이었지만, 그렇다고 해서 그가 경제생활에 무관심했다고 지레짐작하면 안 된다. 그는 농사나 누에치는 일을 한 번도 등한시한 적이 없었다. 그리고 반드시 가계의 1년 수입을 헤아려 지출했다. 예기치 않게 돈 쓸 일이 생길 때를 대비해서 조금씩 저축도 했다. 그래도 집안이 워낙 가난했기 때문에, 흉년에는 끼니를 거를 때도 있었다. 집이래야 겨우 비바람만 가릴 정도였다. 다른 사람 같으면 견디기가 몹시 어려웠을 텐데, 이황은 태연자약했다.

검소하게 살고 절약할 것. 이것은 이황이 아들들에게 강조하는 살림의 원칙이었다.

"살림살이란 누구나 감당해야 하는 의무다. 네 아비인 나도, 평생 그 일에 서툴기는 했다만, 무시하고 모른 체하며 살 수는 없었느니라."

편지에서 자신의 체험을 담담하게 고백하면서 아버지 이황은, 살림살이와 공부 어느 것도 소홀히 해서는 안 된다고 가르쳤다.

안으로는 글공부에 전념하고, 밖으로는 살림살이를 살펴야 한다. 그러면 사풍(士風)이 퇴락되지 않아 (명성을) 해치지 않을 것이다. 만일 공부는 완전히 뒷전으로 밀어놓고 살림살이에 정신을 판다면, 농부와 다를 것이 없다. 시골의 속된 사람들이나 그렇게 하는 법이다.

가난은 이황에게도 참기 어려운 것이었다. 장성한 아들이 가난에 시달리는 것을 지켜보기가 너무 안쓰러워, 이런 편지를 보내기도 했다.

가난과 궁핍은 선비의 다반사. 어찌 마음에 거리낄 것이 있겠느냐. 너의 아비도 평생 이로 인해, 남의 비웃음거리가 된 일이 많았다. 그러나 꿋꿋이 참고 순리로 처세(處世)하며 자신을 수양해야 한다. 그러면서 하늘의 뜻을 기다리는 것이 옳다.

아들의 가난을 어떻게 할 수 없었던 아버지의 마음은 못내 불편했다.

너는 의탁할 곳이 없이 (처가에) 더부살이를 하고 있으니 궁색하기 짝이 없다. 네 편지를 받아 읽으면, 여러 날 동안 내 마음이 불편하다.

이황의 답장이었다. 아들만큼이나 가난했던 아버지는 아들에게 해줄 수 있는 말이 별로 없었다.

부디 괴로움을 참고 꿋꿋하게 자신을 지켜야 한다. 그저 분수대로 주어진 천명을 기다릴 뿐이다. 가난을 너무 슬퍼하거나 원망하다가 실수를 저질러 남의 웃음거리가 되지 말아야 한다.

16세기 조선 사회는 상공업이 발달하지 못했다. 물려받은 농토와 노비의 많고 적음에 따라 빈부가 결정되었다. 금수저를 물려받지 못한 가난한 선비는 살아갈 길이 막막했다. 그저 고통을 참고 견디며 학업에 정진하는 것, 이것 말고 뾰족한 해결책은 찾기 어려웠다.

이황이 시종일관 절약을 강조한 것은 그 때문이었다. 심지어 그는 유계(遺戒, 숨을 거둘 때 남긴 가르침)에서 자손들에게 제사상에 "유밀과를 올리지 말라"고 당부했다. 값비싼 유밀과를 제상에 올리게 되면, 살림이 더욱 궁핍해질 것을 자상한 아버지는 깊이 걱정했다.

종이든 양반이든 귀하지 않은 목숨이 없으니

가난 여부를 떠나서 조선의 선비는 집안일을 직접 돌보지 못하고 종들에게 맡기는 경우가 대부분이었다. 이황은 종들의 역할을 귀하게 여겼다. 그리하여 남들이 함부로 여기는 종들을 무척 아끼고 인격적으로 대접했다. 제자 우성전(禹性傳)이 전하는 바에 따르면, 이황은 종을 꾸짖은 적이 없었다. 만일 그들이 무슨 잘못을 저지르면 조용히 타일렀다. "이 일은 마땅히 이렇게 해야 한다."

언젠가 서울에 있는 손자 안도가 할아버지 이황에게 급한 편지를 보냈다. 아내가 아들을 낳은 지 6개월 만에 또다시 임신을 하는 바람에 젖이 모자라 갓난 아들이 나날이 허약해지고 있으니 할아버지 집에 있는 여자 종 학덕을 급히 보내달라는 내용이었다. 마침 학덕이 출산했다는 소식을 듣고는 아들의 젖어미로 쓸 생각이었다.

손자의 간곡한 부탁을 듣고 할아버지 이황은 어떤 결정을 내렸을까? 당시 노비는 주인이 마음대로 처분할 수 있는 재산에 불과했으니 갓난 증손자를 살리기 위해서 노비를 즉시 서울로 보내도 전혀 문제 될 것이 없는 일이었다. 그러나 이황은 노비 학덕을 서울로 보내지 않고 손자인 안도에게 한 통의 편지를 보낸다.

듣건대, 네가 젖어미로 선택한 여종은 아직 3~4개월밖에 안 되는 자기 아이를 두고 (네가 있는) 서울로 올라간다고 한다. 이렇게 되면 그 아이를 죽이는 것이나 다름없다.

할아버지 이황은 이 문제의 해결책을 이렇게 제시했다.

《근사록(近思錄)》에 이런 구절이 있느니라. "남의 자식을 죽여서 자기 자식을 살리는 짓은 매우 옳지 않은 일이다." 배운 대로 행하지 않으면 어찌 선비라고 할 수 있겠느냐. 그래도 젖어미를 원하거든 그 아이까지 데려가서 두 아이를 함께 기르도록 해야 할 것이다. 그런 생각 없이 곧바로 자기 아이를 버리게 하는 것은 어진 사람이 차마 하지 못할 일이며, 또 지극히 편치 않은 일이기도 하니 이 일에 대해 다시 한 번 생각해보거라.

이황은 젖어미를 즉시 보내지 않으면, 증손자의 목숨이 매우 위험한 것을 알고 있었다. 이 편지를 손자에게 보내며 선생은 눈물을 흘렸을 것이다. 이로부터 2년 후 증손자는 시름시름 앓다가 세상을 떠나고 만다.

주인을 위해 심신의 노고를 아끼지 않는 종을 인간답게 대접하지 않는다면, 그것은 군자의 길에서 스스로 멀어지는 짓이다. 이황은 아마도 그렇게 확신한 것이 틀림없다.

애써 가르쳐도 자식이 잘못을 저질렀을 때

누구든지 배우지 못하면 제구실을 할 수 없다. 이황은 교육의 힘을 굳게 믿었다. 자식들에게도 사람의 도리부터 깨치도록 《효경(孝經)》과 《소학(小學)》을 먼저 가르쳤다. 그런 다음에 차츰 사서(四書,《논어》·《맹자》·《중용》·《대학》)를 읽게 했다.

그렇게 가르쳤건마는 자식이 말이나 행동을 잘못하면 어떻게 할까. 이황은 마구 야단치는 법이 없었다. 그는 거듭해서 조용히 타이르고 훈계했다. 본인이 잘못을 스스로 깨닫게 하는 데 중점을 두었다. 그리하여 집 안에서는 큰소리 나는 법이 없었고, 안팎이 화목했다.

아버지 이황은 자식들에게 꼭 하고 싶은 말이 있으면, 편지를 썼다. 같은 이야기라도 대놓고 말로 하면, 잔소리로 들릴 수 있기 때문이다. 그러나 정성이 깃든 편지라면 사정은 달라진다. 공부를 소홀히 하는 젊은 아들에게 아버지 이황이 보낸 편지를 잠깐 읽어보자.

너는 본래부터 공부에 뜻이 독실하지 못하다. 집에 머물면서 일 없이 세월만 보낸다면, 더더욱 공부를 망치게 될 것이다. 모름지기 서둘러서 조카 완(完)이나 아니면 독실한 뜻을 품은 친구와 더불어 책을 짊어지고 절에 올라가거라. 한겨울 동안 부지런히 공부하여라. 지금 부지런히 공부하지 않으면, 세월은 유수 같아 한번 흘러가면 다시 회복하기 어려우니라. 내 말을 천만번 마음에 새겨 소홀히 하지 마라. 소홀히 하지 마라.

이런 편지를 읽고도 아무 일 없었다는 듯 허송세월하는 아들은 아마 세상 어디에도 없으리라. 간절한 뜻은 통하게 마련이다. 이황의 아들들은 아버지의 가르침을 따르며 학문을 게을리 하지 않았다.
훗날 이황은 손자 이안도의 교육에도 공을 들였다.

들으니, 몽아(蒙兒, 이안도의 아명)는 아직 집 안에 있다고 한다. 《예기(禮記)》에 따르면, "남자는 열 살이 되면 집을 떠나 스승에게 배우고 바깥에서 거처한다"고 했다. 이제 아이가 벌써 열서너 살이나 되었는데, 아직도 바깥에 나가지 않으니 될 일이냐.

이렇듯 자식에 대해 애틋한 아비였음에도 큰아들 이준은 가끔 아버지의 뜻에 어긋나는 행동을 했다. 이황은 편지에서 그 점을 지적했다.

또 내가 들으니, 무당이 자주 집을 드나든다는구나. 가법(家法)을 무너뜨리는 일이다. 나의 어머니 때부터는 전혀 무당을 섬기지 않았다. 나 역시 언제나 그것을 금지해서 무당이 드나드는 것을 허락하지 않았다. 단순히 옛 어른의 가르침대로 하려는 것만은 아니다. 가법이 무너지면 안 되는 법이다. 어찌하여 너는 이런 뜻도 모르고, 경솔히 고치려 드느냐.

아들은 집안의 전통을 무시하고 함부로 무당을 집 안에 끌어들였다. 이황은 크게 상심했을 것이다. 그러나 애써 화를 억누르고, 차분한 마음으로 편지를 써서 아들의 잘못을 깨우쳤다. 아들은 부끄러운 마음에 고개를 들지 못했을 것이다. 다시는 같은 잘못을 되풀이하지 않았으리라 본다.

부귀영화란 뜬구름 같은 것

이황은 34세 되던 1534년(중종 29)에 문과시험에 급제했다. 그렇지만 벼슬길은 순탄하지 않았다. 처가 안동 권씨 집안의 영향이 있었다. 장인 권질은 기묘사화(1519, 훈구파에 의해 조광조 등의 신진 사림이 숙청된 사건)에 희생된 정언 권전(權磌)의 친형이었다. 그 때문에 권력층은 이황을 꺼렸다. 또 이황은 세력가 김안로의 면담 요청을 거절해서 미움을 샀다. 나중에는 그의 친형 이해(李瀣, 1496~1550)도 김안로의 모함을 받고 유배 길에서 객사하고 말았다.

그는 혼탁한 세상에 어울리지 않았다. 일찍이 그의 모친 박씨는 앞일을 내다보기라도 한 듯, "높은 벼슬에 나아가지 마라. 세상이 너를 용납하지 않을까 두렵다"라고 했다.

어쨌든 학자로서 명성이 자자했기 때문에, 그에게는 관직이 거듭 주어졌다. 그러나 이황의 뜻은 부귀공명을 벗어나 있었다. 43세 되던 1543년(중종 38), 친구 김인후를 전송하는 시에서 그는 이렇게 고백했다.

"부귀영화란 내게 뜬구름 같은 것."

권세를 탐하는 요즘 풍속으로는 납득하기 어려운 일이다. 이황은 50세 때 퇴계 서쪽에 거처를 마련했다. 조정에 있을 때도 그의 마음은 늘 시골에 가 있었다.

1570년(선조 3), 노쇠한 이황은 세상을 떠날 준비를 했다. 별세하기 엿새 전에 그는 사람들에게 빌린 책을 되돌려주었다. 나흘 전에는 제자들과 작별인사를 나누었다. "내가 그동안 잘못된 견해로 제군들을 종일토록 가르쳤구나." 떠날 날이 되자, 아끼던 매화 화분에 물을 듬뿍 주게 했다. 얼마 뒤 그는 똑바로 앉은 채 운명했다.

이황의 죽음에 배우지 못한 백성과 종들까지 애도했다. 여러 날 동안 고기를 먹지 않는 사람도 많았다. 장례에는 사대부만 해도 300명이 모였다. 그는 한 시대의 아버지였다.

더 읽을 거리

김영두, 《퇴계와 고봉, 편지를 쓰다》, 소나무, 2003.

박희병, 《선인들의 공부법》, 창비, 2013.

윤사순, 《퇴계이황》, 예문서원, 2002.

이황, 허경진 옮김, 《퇴계 이황 시선》, 평민사, 2007.

이황, 이장우 외 옮김, 《퇴계 이황 아들에게 편지를 쓰다》, 연암서가, 2011.

이황, 이광호 옮김, 《성학십도》, 홍익출판사, 2012.

03

세상에 저항한 가난한 아버지 ─ 박세당 ─

"독서와 글씨 연습으로
근심을 잊어라"

●

박세당(朴世堂, 1629~1703)은 17세기의 학계를 뒤흔든 풍운아였다. 논란에 휩싸인 그의 저술은 훗날 《서계집(西溪集)》(16권 8책)으로 정리되었다. 특히 그 가운데서도 《사변록(思辨錄)》은 논자들의 관심거리였다.

박세당이 활동하던 시기는 임진왜란과 병자호란의 후유증이 심했다. 그리하여 박세당은 현실 타개책을 심각하게 고민했고, 그 과정에서 《사변록》이 탄생했다. 책의 내용은 참신하다. '놀고 먹는 양반을 없애자.' '사회개혁을 가로막는 고답적 학문은 더 이상 추구할 가치가 없다.' '주자도 틀린 점이 많다.' 이런 주장이 《사변록》의 저변에 깔려 있다.

박세당은 일체의 학문적 우상을 부정했다. 학문적 금기도 거부했다. 당대의 성리학자들이 송나라의 주희(朱熹)를 신성시하는 분위기를 그는, 정면으로 돌파했다. 박세당은 주희의 학설에 과감히 도전했고, 성리학자라면 누구나 비판하는 《노자》와 《장자》 및 《불경》도 진지한 학문적 검토 대상으로 삼았다. 결과적으로 '이단'의 학설로부터도 많은 가르침을 얻었다. 그야말로 학문적 자유를 실천한 선구자였다.

알다시피 17세기 조선 사회는 송시열(宋時烈)을 비롯한 정통 성리학자들의 세상이었다. 그들 노론은 성리학의 무오류를 고집하며, 박세당의 진취적인 학풍을 험하게 비판했다. 그들은 박세당과 그의 선배 윤휴(尹鑴) 등에게 사문난적(斯文亂賊), 즉 유교의 가르침을 문란하게 만드는 죄인이라는 낙인을 찍었다.

자연히 박세당의 삶은 영욕이 교차했다. 그가 세상의 인정을 받을 때도 있기는 했다. 그러나 영예는 짧고, 고통은 길게 이어졌다. 그가 죽은 뒤에도 심한 모욕이 뒤따랐다.

대학자 박세당, 아버지로서 그는 어떤 사람이었을까? 《서계집》 제17권에는 세 아들에게 보낸 편지들이 여러 장 실려 있다. 특히 둘째 아들 박태보(朴泰輔, 1654~1689)에게 보낸 편지가 많지만, 일일이 소개하기에는 지면이 허락하지 않는다. 이 글에서는 박세당이 자식들에게 보낸 몇 통의 편지를 함께 읽으며, 아버지의 애틋하고 깊은 정을 엿볼 뿐이다.

예법보다 자식의 건강이 먼저

《도덕경》제19장에 보면, "인(仁)과 의(義)를 끊어야 사람마다 효성(孝)과 사랑(慈)을 회복할 수 있다"고 나온다. 상식적으로는 이해하기 어려운 말이다. 그러나 도가(道家)에서는 인(仁)이니 의(義)니 하는 유가(儒家)의 엄격한 개념 설정이 도리어 자연의 이치에 어긋난 결과를 가져온다고 인식했다. 자연의 이치는 본래 어버이가 자식을 사랑하는 것이다. 그러면 자식은 효성으로 보답하기 마련이다. 중국 고대에는 바로 이 자효(慈孝)를 인륜의 토대로 삼았다. 공자와 맹자도 마찬가지였다.

그러나 유가들이 순(舜) 임금의 효성을 지나치게 강조하면서 사정은 달라졌다. 부모가 자식을 진정으로 사랑하는가, 하는 문제는 사회적 관심사에서 멀어졌다. 고소설《심청전》만 해도 그렇듯, 심 봉사는 욕심을 부리다 결국 딸의 목숨을 앗아갔지만, 그런 아버지의 욕심은 심판의 대상이 아니었다. 유교 사회는 오로지 자식의 행동만 감시했다. '효성을 다하는가?' 이것만 문제 삼았지, 자식에 대한 부모의 무관심과 무책임 따위는 사회적 이슈가 되지 못했다.

이러한 유교 사회에는 권위적이다 못해 폭력적인 가장이 많았다. 엄부(嚴父)가 넘쳐났고, 자부(慈父)는 드물었다. 《도덕경》에서 "인(仁)과 의(義)를 끊어야", 곧 유교가 설정한 개념의 틀에서 벗어날 때 "효성(孝)과 사랑(慈)을 회복할 수 있다"라고 말한 것은, 일리 있는 지적이었다.

도교에도 이해가 깊었던 박세당은 결코 엄한 아버지(嚴父)가 아니었다. 대다수 성리학자들이 목숨보다 '예법(禮法)', 즉 크고 작은 예절을 중시하는 풍조가 만연하던 시대에 그는 예절보다 자식의 건강을 챙겼다. 자식의 목숨이 성현(聖賢)의 가르침보다 단연 우선이었다.

이런 생각쯤이야 누구나 할 수 있지 않았을까. 혹자는 이렇게 반문할지도 모른다. 그러나 17세기 후반의 지체 높은 양반들이 박세당처럼 생각하기란 불가능에 가까운 일이었다. 설사 속마음이 그러했더라도 글로 적어서 보란 듯 후세에 전하는 것은 상상조차 할 수 없는 일이었다.

1666년(현종 7)에 박세당이 상중(喪中)의 아들들에게 보낸 편지를 보자. 거기에는 유교, 곧 인의지학(仁義之學)에 매이지 않는 그의 초연함이 뚜렷이 드러나 있다. 사랑이 넘치는 자애로운 아버지의 모습이었다.

태보(泰輔)는 두통으로 자주 고생하고, 너(큰아들 박태유)는 또 목이 쉬는 실음증(失音症)과 숨이 가쁘고 헐떡거리는 데다 기침을 계속하는 천촉증(喘促症)에 시달린다 하니, 내 걱정이 끝도 없다. 실음증은 큰 문제가 아니다. 그러나 천촉증은 상중인 네 건강을 몹시 걱정하게 하는 증세가 틀림없다. 무리하게 책을 읽지 마라. 그리고 네 원기가 부족하니, 아침저녁으로 소리 내어 울고 곡하는 것도 그만두어라. 자식이 부모에게 효도하는 것은 곡하고 우는 데 달려 있지 않다. 너는 이 점을 꼭 명심하기 바란다.

그 무렵 박세당은 아내 의령 남씨를 잃고 슬픔에 젖어 있었다. 그의 아들들은 어머니의 묘소를 지키며 효성을 다하고 있었다. 박세당은 아들들이 크게 상심한 나머지 건강을 해칠까 봐 몹시 염려했다. 조선시대에는 엄격한 상장(喪葬)의 예절을 지나치게 고집하다가 목숨을 잃는 경우도 있었다. 인종만 해도 부왕의 상중에 죽었다. 그런 사실을 모를 리 없던 박세당은 아들들에게 무슨 변고라도 생길까 봐 걱정이 태산 같았다. '예법도 무시하라', '독서도 그만두라'는 그런 아버지의 애틋한 마음의 표현이었다. 다들 성리학의 엄격한 예법만을 강조할 때 이보다 더 따뜻한 아버지의 목소리는 없을 것이다.

아무리 가난해도 탐심에 휘둘릴 수는 없는 일

세상과 뜻이 맞았더라면 이 한 가지 걱정은 없었을 것이다. 그러나 어쩌겠는가. 박세당은 주류가 아니었다. 학문의 자유를 지향하는 그의 사상적 취향으로 보나, 그의 집안이 속한 소론의 처지로 보나, 벼슬은 한창 멀었다. 조상으로부터 물려받은 땅이 없지 않았으나 전쟁의 참화를 겪은 지 오래되지 않아 대체로 황폐했다. 게다가 그때는 날씨마저 고르지 못해 소출이 적었다. 박세당은 자주 끼니를 염려하는 처지였다.

생계가 곤란해서 매우 염려스럽다. 하지만 걱정해도 소용없는 일인 줄 알고 있다. 더는 아무 생각도 않으려 한다.

박세당은 1666년(현종 7), 아들들에게 보낸 편지에서 가난의 고통을 털어놓으며 체념한 듯한 모습을 보였다. 후대의 실학자 이익이었다면 황무지에 콩이라도 열심히 심고 가꾸어서 두부도 만들어 먹고 콩죽이라도 끓여 끼니를 해결할 방도를 찾았을 것이다. 정약용 같으면 텃밭에 과실나무도 심고, 원예작물이라도 가꿀 생각을 했을 것이다. 그러나 박세당의 머릿속에는 그런 현실적인 해결책이 좀체 떠오르지 않았다.

박세당은 가난을 벗어날 수 없는 숙명으로 여겼다. 배는 굶주릴지언정 이른바 탐심(貪心)에 휘둘리지 않고 참아내는 것, 이것 말고 다른 뾰족한 방법을 그는 알지 못했다. 그런 점에서 그는 빈곤에 시달리던 조선시대의 허다한 유생들과 전혀 다를 바 없었다. 1677년(숙종 3) 10월 12일, 49세의 박세당은 큰아들 박태유에게 보낸 편지에서 이렇게 썼다.

종이 돌아오는 편에 가져온 편지를 잘 받았다. 네가 (새어머니를) 시봉(侍奉)하며 잘 지내고 있는 줄 알게 되어, 내 마음이 편해졌다. 그런데 생계의 곤란함은 너나 나나 마찬가지라서 몹시 걱정스럽고 또 걱정스럽구나. 이 세상의 이러한 근심거리가 과연 언제쯤이면 사라질꼬. 머나먼 상고시대, 평화롭게 살며 초가집 처마 밑에서 배를 두드리며 사시던 분들이야 우리처럼 쓸데없는 생각 때문에 마음을 어지럽히실 일이 없었으리라.

때는 가을걷이가 끝난 지 얼마 안 되는 시점이었다. 그런데 벌써 식량이 다 떨어졌는지 가난타령이 박세당의 입에서 흘러나왔다. 그 무렵 그는 당쟁을 피해, 조상이 물려준 약간의 전답이 있는 양주 석천동으로 이사했다. 한때 지방관으로 다시 부임해서, 흉년으로 고생하는 백성들을 구휼하기도 했지만, 그는 석천동에 머물 때가 많았다. 종을 데리고 손수 농사지어 식량을 마련하고, 학문을 연구하는 것으로 그는 만족했다.

가난은 그런 박세당의 일생을 끈질기게 따라다녔다. 1682년 (숙종 8) 2월 12일에도 그는 아들에게 편지를 보내 춘궁기의 곤란을 호소했다. "이곳에서 아비는 그럭저럭 지내고는 있다. 양식은 장작을 팔아서 겨우 마련하고 있다마는 과연 오래 버틸 수 있을는지 모르겠구나.”

본래 허세라곤 모르는 진솔한 사람, 박세당은 때로 장성한 아들들에게 자신의 경제적 무능을 여과 없이 드러내며, 궁핍과 고통을 토로했다. 솔직한 한탄과 걱정이 더러는 최상의 위로가 될 수 있다는 점을 그는 알았던 것일까.

아들이 마음을 낼 때까지 강요하지 않고 기다렸다가

엄밀한 의미에서 보면 박세당은 철학자요 윤리학자였다. 역사가나 정치가는 아니었다. 그런 그에게도 역사란 소중한 지혜의 보물창고였다. 그의 생각을 우리가 현대적으로 표현하면 이렇게 될 것이다.

‘누구나 역사가를 꿈꿀 필요는 없다. 그래도 역사적 지식은 누구에게든 삶의 중요한 밑천이다.’

1666년(현종 7) 12월 9일, 박세당이 큰아들에게 보낸 편지에서 그런 생각의 자취를 발견할 수 있다.

네가 역사책을 읽겠다고 말했느냐. 이 부분이야말로 전부터 네게는 몹시 부족했던 것이다. 이제 네가 그쪽에 뜻을 둔다면 필경 크게 유익함이 있을 것이다. 나로서는 정말 위안이 되고, 위안이 되는 일이구나.

그런데 말이다. 네가 역사책 읽는 법을 아느냐? 한꺼번에 죽 읽기만 하고 핵심적인 내용을 마음속에 간직하지 않으면 아무 소용이 없단다. 낮 동안에 읽은 내용을 그날 밤중이나 이튿날 아침에 조용히 앉아 곰곰이 되새겨보기를 바란다.

또 네가 읽으면서 마음에 흐뭇해했던 대목도 그렇거니와 역사 속 인물의 언행 가운데서 본받을 만한 점 또는 경계할 일을 찾아내어 가슴 깊이 간직하기를 바란다. 이런 방법으로 역사책을 읽는다면, 금방 잊어버리지도 않게 되고 네 자신의 언행에 보탬이 적지 않을 줄로 믿는다.

역사책을 읽을 때는 이런 점을 유념해야 하느니라.

박세당은 진즉부터 큰아들에게 역사책 읽는 법을 가르치고 싶었으나 참고 기다렸다. 이 훌륭한 아버지는 강요하지 않고 조용히 때를 기다린다. 어느 날 큰아들이 역사책을 읽겠노라, 스스로 의지를 세우자마자 아버지는 기꺼이 조언을 아끼지 않았다. 박세당에게 역사 자체는 일관되게 진보 또는 퇴보하는 것이 아니었다. 그가 보기에 역사란, 인간의 간접 경험을 확대해주는 것, 인생의 교훈을 주는 처세서 같은 것이었다.

대학자가 아들에게 가르친 글쓰기 요령

박세당은 32세 되던 1660년(현종 1) 증광문과에 장원급제했다. 그 뒤 6~7년 동안 중앙과 지방의 여러 관직에서 일했다. 1668년(현종 9)에는 서장관(書狀官, 외교문서에 관한 직무를 맡은 기록관)이 되어 청나라에 사신으로 다녀오기도 했다. 격심한 당쟁만 아니었더라면 일찌감치 벼슬길에서 물러날 이유도 없었다.

그 자신은 현실정치에서 고개를 돌렸지만, 아들들에게는 과거시험을 보라고 권유했다. 공자도 말했듯, 선비에게는 벼슬이 곧 생계를 유지하는 방법이었다. 그것이 부모님에게 효도하는 길이요, 더 나은 세상을 만드는 첩경이기도 했다.

그런데 과거에 합격하려면 글 솜씨가 뛰어나야 했다. 글씨도 전아(典雅), 즉 품위 있고 아름다워야 했다. 박세당은 1675년(숙종 1), 둘째 아들 박태보에게 보낸 편지에서 독서의 중요성을 강조하고 글씨 연습을 할 것을 거듭 당부했다.

밤새 평안했느냐? 특별히 다른 일이 없으면, (선비는) 책 읽고 글씨 쓰기를 연습하는 일에 게을러서는 안 되느니라. 이 두 가지가 네게는 마치 농부가 호미와 쟁기를 쥐는 것이나 마찬가지다. 따라서 스스로를 엄히 타일러서 날마다 열심히 연습해야 한다. 만약 이를 중지하고 말면, 장차는 남의 도움을 비는 처지가 되고 말

것이다.

글쓰기는 선비의 필수 교양일 뿐만 아니라, 생계수단이라고 보았던 것이다. 농부에게 호미와 쟁기가 생업을 영위하는 필수 도구이듯, 선비에게는 글 솜씨가 절대적이라고 보았다. 그래야만 과거 합격을 바라볼 수가 있었다. 자상하기만 했던 박세당은, 편지의 형식을 빌려 아들 박태보에게 작문 요령을 지도하기도 했다.

과거시험 볼 날이 멀지 않았구나. 공부에 힘을 쏟아야 할 텐데, 네 몸이 아프다니 어찌 마음대로 될 수 있을까 싶다.

그런데 글짓기를 할 때는 결코 생소하고 괴상한 문체를 쓰는 병통을 고집하지 말아야 한다. 문맥이 평이하고도 순조롭게 흘러가도록 힘써야 한다. 그러면 문체가 절로 아름다워질 것이다.

특히 글의 앞뒤(首尾)를 상세히 잘 따져서 귀결점이 있게 해야, 맥락을 잃지 않는다. 이것이 바로 글짓기의 요체다.

네가 작성한 시권(試卷, 과거 시험답안)의 글씨도 문제더구나. 비록 아주 거칠다고는 할 수 없지만 아직도 서툰 점이 없지 않다. 글짓기를 하지 않을 때는 반드시 〈화담비(花潭碑)〉나 〈조아비(曹娥碑)〉를 보고 베껴라. 그 일에도 정성을 기울여야 한다. 글씨를 쓸 때는 크게만 쓰려고 하지 말고, 시권의 크기에 맞게 쓰는 연습을 하기 바란다. 과거에 익힌 글씨체는 일단 포기하는 것이 좋겠다.

글짓기를 할 때는 간략하게만 쓰려 하지 말고 (표현과 내용을) 풍부하게 하려고 노력하는 편이 좋을 것이다.

젊은 시절 문과에 장원급제했고, 학자로서 명망이 높았던 박세당, 그런 그도 아들을 과연 어떻게 지도해야 과거에 합격할지 고충이 많았던 모양이다. 궁리 끝에 아버지는 아들의 낙방한 시험답안을 분석해가며 글짓기와 글씨를 훈수했다. 이를테면 '첨삭지도'의 노고를 아끼지 않는 논술선생 역할을 자임한 셈이다.

그의 편지에서 언급한 〈화담비〉는 화담(花潭) 서경덕(徐敬德)의 비문이다. 박민헌(朴民獻)이 짓고, 조선 중기의 명필 한호(韓濩) 한석봉(韓石峯)이 글씨를 썼다. 〈조아비〉는 그 내용도 "절묘하고 훌륭한 글(絶妙好辭)"로 유명할 뿐만 아니라, 중국의 저명한 명필 왕희지(王羲之)가 글씨를 썼다고 해서 이름이 났다. 둘 다 일종의 서예 교본으로서 조선시대에 선비들 사이에서 인기가 높았다.

금쪽같은 둘째 아들을 잃고

아버지의 정성스러운 지도는 헛되지 않았다. 큰아들과 둘째 아들은 모두 대소과에 급제했다. 장남 박태유는 1666년(현종 7)

에 진사시에 합격했다. 차남 박태보도 1675년(숙종 1) 생원시를 거쳐 2년 뒤인 1677년(숙종 3)에 문과에 장원급제했다. 1681년(숙종 7)에는 장남까지도 문과에 합격했다.

그들 형제는 소론의 기대주였다. 그러나 당쟁에 휘말려 차례로 화를 입었다. 박태유는 노론의 핵심인 김익훈(金益勳)과 정면 충돌하여 고난을 겪었다. 1681년 겨울, 박태유는 사헌부 지평(持平, 정5품)으로서 어영대장 김익훈이 남인을 일망타진하기 위해 역모사건을 조작한 사실이 드러나자 이를 강력히 비판했다. 그러나 노론에 마음이 기울어 있던 숙종은 김익훈을 감쌌고, 박태유에게 화살을 돌렸다. 그리하여 박태유는 거제현령으로 좌천되었다. 얼마 뒤에는 다시 함경도의 고산도찰방으로 쫓겨났다. 그러나 박태유는 자신의 비참한 처지에 좌절하지 않았다. 거기서도 그는 상관인 함경도의 병마절도사와 함경도 관찰사의 비리를 밝혀 조정에 고발했다. 이에 숙종은 상관을 업신여겼다는 이유로 박태유를 처벌하려고 했다. 박태유는 조정에 기댈 곳이 없음을 실로 통감했다. 1695년(숙종 21), 그는 병을 구실 삼아 벼슬을 영영 버렸다.

차남 박태보의 운명은 더욱 비참했다. 1689년(숙종 15) 기사환국으로 남인들이 조정으로 돌아왔을 때의 일이었다. 남인들은 장희빈의 아들(훗날의 경종)을 세자에 책봉하는 한편, 숙종의 정비(正妃)였던 인현왕후를 폐위하려고 했다. 소론 출신 박태보는 인현왕후가 자신과는 당파가 다른 노론 가문 출신이었음에도 불구하고, 왕비의 폐위는 잘못된 일이라고 반대했다. 그는 폐위를 반대하는 상소를 주도했다.

숙종은 박태보의 배후에 노론과 소론의 비밀스러운 뒷거래가 있을 것으로 추측한 모양이었다. 왕은 박태보가 상소를 올린 정치적 속셈을 밝히고야 말겠다며 그를 심하게 매질했다. 그러나 박태보는 끝까지 의연한 모습을 잃지 않았다. 박세당은 아들이 심한 고문으로 죽을 지경이 되었다는 소식을 듣고, 황급히 서울로 달려갔다.

늙은 아버지의 정성스러운 간호에도 불구하고 아들은 죽고 말았다. 매를 맞은 상처가 덧난 것이었다. 그렇게 박태보는 전라도 진도로 유배 가던 중에 노량진에서 고혼(孤魂)이 되었다. 아버지는 아들의 주검을 소거(素車, 상여)에 태워 시골로 돌아왔다. 아비의 무너지는 가슴을 어느 누가 위로할 수 있었겠는가.

일찍이 어느 큰선비가 말했듯, 벼슬길이란 바다와도 같았다. 거친 풍랑이 일면 배가 뒤집어지기 일쑤다. 부귀영화를 멀리했던 박세당도 당쟁의 해일 앞에서는 안전한 곳을 찾지 못했다.

뜻을 굽히지 않는 학자의 용기

박세당은 평생 동안 독서와 글씨 쓰기에 전념하며 불우함을 잊고 꿋꿋이 살았다. 그는 정성과 사랑을 다하여 아들 형제를 키웠다. 아들들은 나라의 대들보가 되기에 부족함이 없는 인재로 성장했다. 하지만 시절이 좋지 않았다. 당쟁의 해독이 워낙 심해, 박세당의 장성한 두 아들은 곧 정치적 풍랑을 만나 난파하고 말았다. 숙종은 박태보가 죽었다는 소식을 듣고서야 자신의 과오를 뉘우쳤다고 한다. 그러나 때는 이미 늦었다.

1703년(숙종 29), 노경에 이른 박세당은 《사변록》을 저술하여 주자학을 비판했다. 그는 이 책에서 유교 경전에 관한 자신의 독자적인 해석을 공공연히 주장했다. 위험천만한 일이었다. 반대파인 노론이 기다렸다는 듯이 들고일어났다. 그들은 박세당에게 사문난적의 올가미를 씌웠다.

이번에도 숙종은 노론 편이었다. 임금은 박세당에게 그동안 내려준 일체의 관작을 빼앗고, 전라도 옥과(玉果, 지금의 곡성)로 유배 보내라고 명했다. 그때 박세당은 먼 길을 떠나기에는 너무 늙었다. 임금도 그 점을 인정해서 차마 유배형을 강행하지는 못했다. 혹심한 세파를 견디기에 지쳤던가. 박세당은 그해에 75세를 일기로 세상을 등졌다. 그의 사후에도 정국이 바뀔 때마다 박세당의 학문적 업적에 관한 논란이 몇 차례 거듭되었다.

그러나 오늘날 박세당의 독창적인 학문적 업적을 부정하는 사람은 아무도 없다. 자신의 학문적 성찰에 따라 주견을 세웠고, 성리학자들이 이단으로 여겨 금기시하던 도가사상에 대해서도 관심을 가졌던 그의 학문적 용기를 후세는 높이 평가한다. 그에 더하여 박세당은 넘치는 정성과 사랑으로 자식들을 용기 있는 선비로 키운 의로운 아버지였다.

더 읽을 거리

금장태, 《조선 실학의 경전 이해》, 서울대학교 출판문화원, 2014.

윤사순 외, 《서계 박세당 연구》, 집문당, 2006.

박세당, 장윤수 옮김, 《사변록》, 지식을만드는지식, 2011.

박세당, 박헌순 옮김, 《박세당의 장자 읽기: 남화경주해산보 1》, 유리창, 2012.

《서계 박세당의 필첩》, 이회문화사, 2003.

불법 이혼남 ―

김숙자 ―

넘어진 자리에서
다시 일어서다

우리 가족이 살고 있는 아파트는 견고하다. 그러나 명색이 가장인 나의 입지는 불안하다. 우리 시대의 아버지들은 나와 처지가 비슷할 것이다. 왜 이렇게 되고 말았을까? 궁금한 마음에 역사 속으로 사라진 아버지들을 떠올린다. 시대는 다르지만 아버지의 역할이야 크게 다를 리 없다. 가족을 부양하고, 자신과 집안의 명예를 지키며, 세상일에 참여하는 것. 여기에 큰 차이가 있을 리 만무하다.

이런 생각을 하다가 김숙자(金叔滋, 1389~1456)라는 이름이 떠올랐다. 그는 15세기의 성리학자였다. 고려 말의 대학자 길재(吉再)의 학통을 이었다는 찬사를 받을 정도로 학문이 뛰어났다. 그러나 그는 오랫동안 벼슬길이 막혀 인생의 신산(辛酸)을 맛보았다. 자연을 벗 삼아 지낼 수밖에 없는 처지라서, 그의 호는 강호산인(江湖山人)이 되었다.

젊은 시절 김숙자는 '불법 이혼'을 했다. 이 때문에 기를 펴지 못했다. 하지만 좌절하지 않고 학문을 연마하고, 실천하는 데 힘썼다. 또 맡은 벼슬이라면 무슨 자리든 최선을 다했다. 고난 속에서도 뚜렷한 소신을 가지고 분투하는 아버지였다. 가장 가까이에서 이를 지켜본 아들 점필재(佔畢齋) 김종직(金宗直, 1431~1492)은 아버지를 깊이 존경했다. 아들은 아버지의 일평생을 글로 적어 후세의 교훈으로 남겼다(김종직, 〈선공기년(先公紀年)〉, 《이준록(彝尊錄)》).

이혼, 인생의 굴레가 되다

조선시대 최고의 성리학자인 이황에게 중국 사신이 물었다. "조선 성리학의 계통은 어떠합니까?"

이황의 대답은 이러했다. "정몽주는 길재에게 전하고, 길재는 김숙자에게 전하고, 김숙자는 그의 아들 김종직에게 전하고, 김종직은 김굉필에게, 김굉필은 조광조에게 전하였습니다."

후세 학자들의 견해도 이와 다르지 않았다.

이황이 열거한 여섯 명의 선유(先儒) 중에서 김숙자와 김종직은 부자지간이었다. 오죽 학문에 힘썼으면 부자가 도통(道統, 도학의 계통)을 주고받게 되었을까. 그들 집안에는 뜻밖의 사정이 있었다. 아버지의 불우함이 도리어 그들의 학문을 채찍질했다. 벼랑 끝에서 기사회생(起死回生)한 그들의 이야기는, 뜻을 잃고 좌절하는 오늘날의 아버지들에게 용기를 줄 것이다.

아버지 김숙자는 경학(經學)과 문장에 뛰어났다. 그는 주위의 기대를 저버리지 않았다. 스물여섯 살 되던 1414년(태종 14), 생원시에 합격했고, 다시 5년 뒤인 1419년(세종 1)에는 식년문과에 급제했다. 곧 조정에서는 청년 김숙자를 사관(史官)에 임명하기로 했다. 이것은 크게 출세할 조짐이었다.

그때 갑자기 김숙자를 태운 '벼슬의 배'가 풍랑을 만나 좌초했다.

김숙자는 자기 자식을 망령되게도 서얼(庶孽)이라 일컫고, 조강지처(糟糠之妻)를 이유도 없이 내버렸습니다. 형법에 따라 그에게 곤장 80대를 치고, 이미 버린 아내를 데려다가 다시 살게 해야 합니다. (《세종실록》, 세종 5년 7월 4일)

사헌부로부터 이런 비난이 쏟아졌다. 세종은 사헌부의 말을 따랐다.

아들 김종직이 전하는 말은 조금 달랐다. 언젠가 김숙자의 할아버지 김은유(金恩宥)에게 한 고을에 사는 한변(韓變)이 찾아와서 하소연을 했다. 한씨에게는 과년한 딸이 있었다. 그런데 빨리 시집을 보내지 않으면 곧 중국에 공녀(貢女)로 붙잡혀가게 생겼다는 이야기였다. 딱한 사정을 들은 김은유는 손자 김숙자와 한변의 딸을 결혼시켰다. 그런데 김은유가 세상을 뜬 다음, 뜻밖의 문제가 발생했다. 알고 보니 한변이 신분상의 허물을 속이고 결혼한 것이었다. 김숙자의 아버지 김관(金琯)은 아들의 장래를 망칠 수는 없다고 판단해서 이혼을 명령했다.

한변의 호소는 달랐다. 사위 김숙자가 과거에 급제하자 조강지처와 자식들을 내팽개치고, 밀양의 부잣집에 새장가를 들었다는 것이다. 조정은 한변의 손을 들어주었다. 김숙자를 벼슬에서 내치는 한편, 본처와 살라는 명령을 내렸다.

그러나 김숙자는 재결합을 거부했다. 그는 새 아내의 고향 밀양으로 내려가서 학문에 전념했다. 그렇게 13년의 세월이 흘러갔다. 김숙자의 학문적 명성은 더욱 높아졌고, 마침내 조정에 복귀할 기회가 다시 찾아왔다. 세자시강원, 즉 장차 임금이 될 세자(문종)를 가르치고 보좌하는 직책이 그를 기다리고 있었다.

그러자 사간원 관리들이 강력히 반발했다. "조강지처를 버릴 정도로 품행이 바르지 못하다"(《세종실록》, 세종 20년 10월 26일)는 게 이유였다. 이렇게 조정 관리들은 그의 이혼 사건을 다시 들추었다. 1439년(세종 21) 김숙자는 동부학당(서울 소재 4부 학당의 하나)의 교수관(종6품)에 추천되었다. 하지만 이마저도 사헌부의 반대로 물거품이 되었다. 김숙자의 일생에 드리운 이혼의 그림자는 짙었다.

그가 그 굴레에서 벗어난 것은 한참 뒤였다. 1454년(단종 2) 4월, 그는 66세로 성균관 사예(정4품)에 임명되었다. 이제는 누구도 그의 과거를 들먹이지 않았다. 얼마 후 그는 성주교수관(星州教授官, 경상도 성주의 교수)이란 한직을 얻어 시골로 내려갔다. 그 뒤 벼슬을 영영 사직하고 밀양으로 돌아갔다. 1456년(세조 2) 봄, 그는 노환으로 세상을 떠났다.

훗날 그의 셋째 아들 김종직은, 아버지가 평생 포부를 제대로 펴지 못한 점을 아쉬워하며 한탄했다.

아, 선공(김숙자)의 평생은 그 관직이 그 덕(德)에 못 미쳤다. 31세로 문과에 급제한 뒤 13년 동안 시골에 묻혀 지내셨다. 벼슬은 참외(參外, 7~9품의 하급관리)로 시작하여 대부(大夫, 4품 이상의 고위관리)에 이르기까지 모두 28년 동안이었다. 그 사이 여섯 번 주부(主簿)의 벼슬을 지냈고, 부령(部令)은 두 번, 현감은 세 번, 교수관, 교리(校理), 부정(副正), 사예가 각 한 번씩이었다. 역임하신 관직은 모두 당대의 흔한 벼슬자리일 뿐이었다. (이혼 문제 때문에) 불우하고 영락하여 끝내 큰 업적을 이루지 못하셨다. (……) 아, 이것이 타고난 운명이셨던가. 아니면 사람들이 그렇게 만들고야 만 것인가.

운이 없다는 것을 받아들이고

김숙자는 높은 벼슬에 오르지 못했다. 그나마 그의 이력에 잠깐 서광이 비쳤다면 노년에 성균관 사예를 지낸 것이었다. 연로한 그에게 조정은 더 이상 과거의 이혼 경력을 문제 삼지 않았던 듯하다. 하지만 그 정도의 변화도 저절로 일어난 것은 아니었다. 1423년(세종 5) 7월, 이혼 문제로 벼슬에서 물러난 뒤로 그는 불명예에서 벗어나기 위해 부단히 노력했다. 유교 경전에 기록된 예법을 지키며 성리학적 가족 윤리를 실천하느라 부심했다.

한 가지 특기할 점은, 김숙자가 일평생 단 한 명의 첩도 두지 않았다는 사실이다. 당시 축첩은 양반의 일반적인 관행이었다. 그러나 그 시절에도 남편이 첩을 두면 아내는 속을 끓였다. 김숙자의 아버지도 말년에 애첩을 두었는데, 이 때문에 유씨 부인과 불화가 발생했다. 어머니는 그 일로 속을 태우다가 세상을 떠났다. 김숙자는 "이를 가슴 아파하며 절대 첩을 두지 않았다."

김숙자의 동생도 첩 문제로 한때 가정불화를 겪었다. 김숙자는 "여러 차례 편지를 보내 동생을 간곡하게 타일렀다." 마침내 동생은 스스로를 "몹시 부끄럽게 여기고 결국 부부의 도리를 처음과 같이 회복했다."

김숙자는 실패로 끝난 첫 번째 결혼생활을 뼈아프게 반성했고, 집안에 다시는 그런 불행이 재연되지 않도록 조심했다.

아들을 장가들이고 딸을 시집보낼 때면, 반드시 상대방이 세족 (世族)인지, 그리고 가훈(家訓)이 있는 집안인지를 확인했다. 그리고 혼인하기로 약속한 다음에는 누구도 이간질하지 못하게 막았다.

그는 불우한 친족과 이웃의 결혼도 적극 도왔다. 김숙자에게는 기씨(奇氏) 집안에 시집간 누이가 있었다. 매부가 죽자 후처였던 누이는 전처의 아들로부터 모진 학대를 당했다. 김숙자는 앞장서서 누이의 가정 문제를 해결하고, 가난 때문에 시집을 가지 못하는 조카딸의 결혼도 직접 주선했다. 그는 인륜의 출발점이 결혼에 있다는 성리학의 가르침을 철저히 신봉했다.

여기서 한 가지 강조해둘 점이 있다. 15세기 초반만 해도 성리학적 가족 윤리는 아직 조선 사회에 뿌리 내리지 못했다. 축첩과 이혼의 문제로 가정불화를 겪는 양반들이 전국 어디에서나 흔했다. 당시에는 김숙자의 경우처럼 집안 어른들이 이혼을 결정한 사례가 적지 않았다. 또 그때는 '병처(竝妻)'라고 하여, 정식으로 아내를 둘 이상 둔 양반도 있었다.

이래저래 가정 문제로 골머리를 앓는 사람들이 많았다. 이것이 결국 전답과 노비 등의 상속 문제로 이어져 사회적 혼란이 야기되자 조정에서는 더 이상 방치할 수 없었다. 그리하여 태종은 '병처'의 풍습을 금지하고, 오직 한 사람의 배우자만 정처(正妻)로 인정했다. 나머지는 첩(妾)으로 취급되었다. 만일 이혼이 불가피할 경우에는 왕의 허락을 받아야 했다(물론 이는 양반의 경우이고, 평민은 합의이혼을 할 수 있었다). 그러나 조정의 이런 개혁 의지가 관철되기까지는 오랜 세월이 걸렸다.

보기에 따라 김숙자는 운이 없었다고 볼 수도 있다. 장인이던 한변이 크게 반발하지 않았다든가, 조정 대신들 중에서 한변을 적극 옹호하는 세력이 없었더라면 어땠을까? 현명한 김숙자는 자신의 비운을 받아들였고, 스스로를 채찍질하여 위기에서 벗어나고자 했다. 비록 시간은 오래 걸렸으나 그 결과는 긍정적이었다.

경전의 가르침이 곧 일상생활

김숙자는 청년 시절부터 문명(文名)이 높았다. 한때 세종은 서너 명의 선비를 중국에 보내 과거시험을 치르게 할 계획이었다.

김숙자는 그때 선발된 선비 가운데 하나였다. 그는 경학(經學)에 탁월했고, 문장(文章)도 아름다웠다.

그를 따르는 제자도 많았다. 그런데 그는 공자의 선례를 따라 제자들의 '엽등(躐等)'을 금했다. '엽등'은 《논어》에 나오는 표현으로 배움의 등급을 건너뛰는 것을 가리킨다. 공자는 제자들에게 그들 각자의 지적 수준보다 높은 지식을 결코 제공하지 않았다. 배움에는 반드시 순서가 있다고 보았기 때문이다.

공자의 이러한 가르침에 따라, 김숙자는 배움의 순서를 엄격히 정했다. 초보자에게는 《동몽수지(童蒙須知)》,《유학자설(幼學字說)》,《정속편(正俗篇)》을 가르쳤다. 이것을 완전히 습득한 사람에게는 《소학(小學)》을 가르쳤다. 이어 《효경(孝經)》,《대학(大學)》,《논어(論語)》,《맹자(孟子)》,《중용(中庸)》,《시경(詩經)》,《서경(書經)》,《춘추(春秋)》,《주역(周易)》,《예기(禮記)》를 차례로 읽게 했다. 맨 마지막으로 《통감(通鑑)》 및 제사(諸史)와 백가(百家)를 읽게 했다.

김숙자의 문하에서는 겉멋을 부리며 함부로 아는 체할 수가 없었다. 그는 독서에도 엄격한 법이 있다고 가르쳤다. 무슨 책이든 한 글자씩 정확히 이해하라며 정독을 주문했다. 김숙자의 일상생활은 곧 경전의 가르침을 실천하는 것이었다.

"곤궁할 때는 배움을 몸소 실천하고, 영달하여 남을 다스릴 때는 모든 것을 성현(聖賢)의 가르침대로 하라."

그는 유난히 《소학》을 중시했다. 모친상을 당했을 때 그는

《소학》에 명시된 대로 물 한 잔도 마시지 않았다. 초빈(草殯, 사정상 장사를 속히 지내지 못하고 송장을 방 안에 둘 수 없을 때, 임시로 한데나 의지간에 관을 놓고 이엉 따위를 이어서 눈이나 비를 가림)을 마친 뒤에야 겨우 죽을 먹었다. 당시 풍속은 선비 집안에서도 불가의 장례법을 따랐다. 그러나 김숙자는 "유독 확고부동하여 염(殮), 습(襲), 우(虞), 부(祔), 연(練), 상(祥) 등의 의식을 주자(朱子)의 예(禮)에 따라 알맞게 거행하였다."

불법 이혼 문제로 그는 가족 윤리에 어긋났다는 비난과 함께 세상의 버림을 받았다. 그러나 그는 시골에 칩거하며 누구보다 모범적으로 성리학의 가르침을 실천했다. 젊어서는 유교적 도덕률에 저촉되어 고난을 겪은 김숙자였다. 위기 앞에서 그는 방향을 바꾸었다. 그는 일상생활의 모든 법도를 성리학적 가르침에 따라 바꾸었다. 김숙자는 소리 없이 전개된 성리학적 사회개혁의 선구자가 된 것이다. 조정은 그의 이러한 공로를 인정했다. 말년에 그가 성균관 사예에 임명된 것은 결코 우연한 일이 아니었다. 이를테면 고진감래(苦盡甘來)였던 셈이다. 새 시대의 이념인 성리학적 질서를 적극 받아들임으로써, 김숙자는 재기의 발판을 마련했다. 그렇게 평가해도 무리가 없을 것이다.

하찮은 직책이라도 정성을 다하라

아들 김종직이 본 아버지 김숙자는 또한 청렴한 관리였다. 그가 경상도 고령현감에 부임했을 때, 전임자의 잘못으로 창고에는 곡식이 장부보다 3천여 곡(斛)이 적었다. 김숙자는 전임자의 잘못을 고발하는 대신 임기 내내 절약에 힘써 문제를 조용히 해결했다.

일선 행정업무에도 능통했다. 그는 이두에 익숙했고, 공정한 판결을 내리기로 이름이 났다. 김숙자는 두 고을의 현감을 지냈다. 그때마다 스스로 다짐하기를, "토지가 있고 백성이 있으니, 여기서도 나의 학문을 실천에 옮길 수 있다"라며 낮은 벼슬을 탓하지 않았다. 그러고는 고대 중국의 주나라를 모범으로 삼아 좋은 현감이 되고자 노력했다. 경상도 개령현감 시절에는 세 곳에 방죽을 파서 700~800결의 농지에 혜택을 주었다.

그는 부임하는 곳마다 향교를 대대적으로 수리해서 선비들이 배움의 기회를 가질 수 있게 했다. 공무 중에 시간이 나면 유생들의 학업을 직접 지도하기도 했다. 그가 재임한 고령과 개령에서 여럿이 생원진사 시험에 합격했는데, 모두들 김숙자 덕분이라고 말했다.

아전들을 다스리는 데도 그는 뛰어났다. '약속(約束)'이라는 업무 규정을 만들어, 그들이 꼼수를 쓰거나 협잡을 부리지 못하게 통제했다. 아전들은 원님 김숙자를 '청수백석(淸水白石)'이라 부르며 청백함과 공정함을 칭송했다.

세종이 전라도 지방의 전품(田品, 토지 등급)을 실정에 맞게 개정하려 했을 때, 그는 경차관(敬差官, 후대의 어사와 같음)이 되어 남원, 장흥, 옥과(곡성), 순천 등지에서 직무를 수행했다. 이때 순찰사(즉 관찰사)와 짜고 부정을 저지르는 경차관이 많았으나, 김숙자는 달랐다.

"조정도 속일 수 없거니와 백성을 어찌 저버릴 수 있는가?"

이에 백성들이 기뻐하며 닭고기와 술을 가지고 찾아왔다. 그러나 김숙자는 그들의 마음만 받고 돌려주었다. 김종직은 〈선공기년〉에서 회고하기를, 훗날 "그 지방 사람들이 나를 만나면 그 은덕에 감격하며 칭찬하였다"라고 했다.

김숙자는 어떤 벼슬을 하더라도 백성들의 의식주를 염려해서 자신의 능력과 지식을 아끼지 않았다. 아들 김종직은 아버지의 태도에서 인생의 깊은 의미를 새삼 깨달았다.

바보 같고, 존경스러운 어른

1455년(세조 1) 12월, 김숙자의 막내딸이 결혼했다. 김숙자가 자신의 소회를 아들들에게 토로했다.

"나는 품계가 이미 3품에 이르렀고, 남혼여가(男婚女嫁, 아들딸의 결혼)도 끝냈다. 할 일을 마쳤으니, 어서 사직서를 작성해 오거라."

그는 벼슬을 사직하고 밀양으로 돌아갔다. 평생 청렴하게 살았던 까닭에 두어 달 만에 식량이 떨어졌으나 태연했다. 어쩌다 잔치에 초대받아도 그는 말을 타지 않고 죽여(竹輿, 대나무를 엮어 만든 가마)로 갔다. 이런 김숙자를 사람들은 '달존(達尊, 세상이 존경할 만한 어른)'이라 했다.

잇속에 밝은 세상의 눈으로 보면 그는 '바보'였다. 재산을 불릴 줄도 모르고, 위세를 부리는 데도 관심이 없었다. 그러나 김숙자는 자신이 바보라는 사실에 만족했다. 어느 날 그는 아들 김종직에게 이렇게 타일렀다.

"세상 사람들이 나를 졸(拙)하다(못났다)고 말하는데, 졸한 것이 진정으로 큰 보배로다. (……) 나는 진실로 그런 말을 다행으로 여긴다. 너도 내 아들인지라, 나중에 졸하기로 이름이 날 것이다. 그런 세평에 부디 괘념하지 마라."

과연 그 아버지에 그 아들이었다. 김종직은 문과에 급제해서 세조와 성종 때 여러 요직을 두루 지냈다. 그럼에도 그는 권귀(權貴)들에게 부화뇌동하지 않았다. 그는 사림파의 영수로서 많은 제자들을 길러냈고, 사람들로부터 추앙을 받았다. 끝내는 1498년(연산군 4)의 무오사화에 빌미를 제공했다는 이유로 부관참시(剖棺斬屍, 관을 쪼개어 시체의 목을 베는 벌)의 벌을 받았다. 아버지 김숙자의 관작(官爵)도 몽땅 박탈했다.

무오사화는 흔히 '사화(史禍)'라고 부른다. 사초(史草), 즉 사관이 기록한 초고에서 많은 선비들의 환난이 시작되었기 때문이다. 문제의 발단은 김종직이 쓴 〈조의제문(弔義帝文)〉이었다.

정축년(丁丑年, 세조 3) 10월 밀양에서 경산으로 가다가 나(김종직)는 답계역(踏溪驛)에서 잠을 잤다. 꿈속에 신선이 나타나서, "나는 초나라 회왕(懷王, 의제) 손심이다. 서초(西楚) 패왕(覇王, 항우)에게 살해되어 빈강(彬江)에 버려진 사람이다"라고 말하고는 사라졌다. 잠에서 깨어나 생각해보니, 회왕은 중국 초나라 사람이요, 나는 동국의 사람이라. 서로 거리가 만 리나 떨어져 있는데, 내 꿈에 나타난 까닭이 무엇일까? 역사를 살펴보면 그 시신을 강물에 버렸다는 기록은 없다. 아마도 항우가 회왕을 죽이게 한 다음, 시신을 강물에 내버린 것인지 알 수가 없다. 이제야 이 글을 지어 의제를 조문한다." (《연산군일기》, 연산군 4년 7월 17일)

이렇게 회왕의 죽음을 애도하는 것이 김종직의 〈조의제문〉이다. 그의 제자 김일손(金馹孫)은 사관으로서 《성종실록》의 편찬에 참여했다. 그때 편찬의 총책임자는 이극돈(李克墩)이었다. 그는 훈구파(勳舊派)를 대표하는 인물이었다. 그런데 김일손이 제출한 사초 가운데 이극돈의 비행을 폭로한 것이 있었다. 이에 앙심을 품은 이극돈은 복수를 꾀했다. 그러던 중 김일손이 제출한 사초에 들어 있는 김종직의 〈조의제문〉을 보고 속으로 쾌재를 불렀다.

이극돈은 김종직의 제자들을 중심으로 형성된 사림파(士林派)를 숙청하기 위해, 〈조의제문〉을 의도적으로 확대 해석했다. 숙부 항우에게 죽임을 당한 어린 회왕을 조문하는 글에 담긴 속뜻은 세조를 항우에 견주면서 단종의 폐위를 슬퍼하는 내용이라는 것이었다.

연산군은 이극돈의 주장에 일리가 있다고 여겼다. 마침 연산군은 사림파들이 삼사(사헌부, 사간원, 홍문관)를 중심으로 왕권을 너무 제약하고, 대신들에게 무엄한 발언을 일삼는다고 느끼던 차였다. 사림파를 몰아낼 기회만 엿보고 있던 연산군에게 이극돈의 발언은 좋은 구실이 되었다.

결국 엄청난 정치적 회오리가 몰아쳤다. 왕권을 등에 업은 훈구파는 김종직의 제자였던 김일손, 권오복(權五福), 권경유(權景裕), 이목(李穆) 등의 목을 베고, 사림파를 조정에서 몰아냈다.

마침내 사림파의 기틀을 세우다

하지만 그것으로 끝이 아니었다. 김숙자, 김종직 부자의 관작은 오래지 않아 복구되었다. 그들은 조선 성리학계의 별이 되어 수백 년 동안 후학들의 길잡이 역할을 했다. 한때 좌절의 늪에 빠진 것처럼 보였던 김숙자의 삶이 거기서 끝나지 않고, 아들 김종직을 통해 사림파의 등장이라는 역사적 전환점을 마련했다. 비록 김종직의 제자들이 거듭된 사화를 입어 조정에서 쫓겨났어도, 중종 때 조광조를 필두로 사림파는 다시 조정으로 돌아왔다. 그들은 성리학적 이념을 바탕으로 혁신 정치를 추구했다. 그러나 불과 수년 만에 또다시 사림파는 정적들의 올무에 걸리는 신세가 되고 말았다. 선조 때가 되자 사림파는 또 한 번 찬란하게 부활했다. 이후 그들은 조야를 장악하여 수백 년 동안 명실상부한 집권 세력으로 군림했다. 그들이 각색 당파로 분열하여 대립을 일삼은 것에 대한 역사적 평가는 별개로 하고, 어쨌든 고난을 딛고 사림파의 시대가 열린 것은 부정할 수 없는 사실이었다.

우리 시대의 아버지들이 김숙자처럼 탁월한 학자 또는 공직자가 되어야 할 까닭은 없다. 우리 자신이 허물어진 그 지점에서 다시 일어나서 미래 지향의 가치를 추구할 일이다. 중요한 것은 성취 그 자체가 아니라, 아마도 우리의 성실한 태도일 것이다.

더 읽을 거리

부산대학교 점필재연구소 편, 《점필재 김종직과 그의 젊은 제자들: 조선의 인문정신을 열어간 사람들》.

　인문사, 2011.

이만규, 《다시 읽는 조선 교육사》, 살림터, 2010.

정성희, 《김종직: 조선 도학의 분수령》, 성균관대학교 출판부, 2009.

정출헌, 《점필재 김종직: 젊은 제자들이 가슴에 품은 시대의 스승》, 예문서원, 2015.

한국인물사연구원 편, 《무오사화: 핏빛 조선 4대 사화 첫 번째》, 타오름, 2010.

알뜰한 살림꾼

이익

자신에게 엄격하고
남에게 너그러웠던

●

그가 남긴 유명한 말이 있다. "당파 싸움은 밥그릇 싸움이다.
벼슬자리는 적은데, 한자리하고 싶은 사람은 많으니 어쩔 수 없
는 일이 아닌가."

사상도 이념도 다 중요하지만 먹지 않고도 살 수 있는 사람
은 없기 때문이다. "의식(衣食)이 족해야 예의를 안다"라는 옛말
에는 누구도 부정할 수 없는 이치가 깃들어 있다. 그 이치를 성
호(星湖) 이익(李瀷, 1681~1763)은 자신의 삶에 적용했다. 또 세상을
운영하는 근본 가치로 이해했다.

한 가정의 아버지로서 이익은 누구보다 꼼꼼하고 알뜰하고
부지런한 살림꾼이었다. 불행히도 그는 일평생 벼슬에 나아가지
못했다. 하지만 죽을 때까지 백성의 생계를 걱정했다. 훗날 다산

정약용은 이익을 사숙(私淑)하여 실학을 집대성했다. 그런 점에서 이익의 뜻이 세상으로부터 영영 버림받은 것만은 아니었다.

이익의 언행을 전해주는 글은 여럿이다. 조카 이병휴(李秉休)가 쓴 〈가장(家狀)〉도 있고, 제자 윤동규(尹東奎)의 〈행장(行狀)〉도 있고, 정조 때 영의정을 지낸 채제공(蔡濟恭)의 〈묘갈명(墓碣銘)〉 등도 전해진다. 이런 글들을 두루 참고하여, 아버지 이익의 모습에 좀 더 가까이 다가가보자.

단정하고 꼿꼿한 풍모에
공경하는 마음이 저절로 일어

먼저 채제공이 이익을 찾아가 만난 뒤에 쓴 글을 보자. 채제공은 정조의 신임이 두터웠던 당대 제일의 명사였다. 그는 정조 시절에 우의정, 좌의정, 영의정을 차례로 지냈다. 심지어 '독상(獨相)', 즉 홀로 재상이 되어 3년씩이나 정조를 보필했다.

경기지방의 관찰사가 되어 여러 군현(郡縣)을 순행하게 되자 나는, 길을 돌아서 첨성리(瞻星里, 지금의 경기도 안산)에 있는 선생의 댁을 방문했다. 당시 선생은 81세였다는데, 처마가 낮은 허름한 지붕 아래 단정히 앉아 계셨다. 선생의 눈빛은 형형하여 쏘는 듯했고, 성긴 수염은 길게 늘어져 허리띠까지 닿을 듯했다.

노년에도 이익은 누구보다 건강하고 단정한 학자의 풍모를
보였음을 알 수 있다. 채제공의 방문기는 이어진다.

절을 올리기도 전에 내 마음속에는 공경하는 마음이 일어났다.
가까이 다가가서 모습을 뵈었더니, 화평하고 너그러우셨다. 경전
에 관해 설명하실 때는 고금을 자유로이 넘나들며 내가 전에 알
지 못한 말씀을 해주셨다.

이익의 풍모를 전하는 또 다른 설명도 있다. 어릴 적부터 이
익의 가르침을 받고 자란 조카 이병휴의 말에 따르면, "선생은
얼굴이 반듯하고, 키가 훤칠했다"라고 한다. 유달리 눈이 크고,
살찐 편도 아니었다. 노년에 이르기까지 이익은 자세가 늘 꼿꼿
하여 조금도 굽은 데라곤 없었다고도 한다.

이익이 평생 스승으로 여긴 이는, 16세기의 대학자 퇴계 이황
이었다. 그도 이황처럼 밥을 먹을 때 수저 소리가 나지 않게 조
심했고, 세수할 때도 물방울 하나 튀지 않게 했다. 서찰에는 반
드시 자신의 이름을 적었다. 그는 퇴계의 저서를 샅샅이 검토하
여 그 언행을 조사해서 《이자수언(李子粹言)》이라는 책자를 만들
어두고, 일일이 실천에 옮겼다. 책 제목의 '이자'는 곧 퇴계 선생

이요, '수언'은 여러 가지 잠언을 기록했다는 뜻이다. 퇴계 이황을 닮고자 하는 이익의 열망이 얼마나 컸으면, 이러한 책까지 만들게 되었을까.

한마디로 이익은 키가 크고 몸이 날씬했으며, 서글서글하면서도 광채가 나는 눈동자의 소유자였다. 윤동규의 〈행장〉에 따르면 그의 언행은 퇴계 이황을 그대로 닮아 조그만 빈틈도 없었다. 한눈에 대학자의 기상이 절로 드러나는 큰 인물이었다.

아버지와 형을 잃고

그럼에도 이익은 세상으로부터 외면을 당했다. 당쟁 때문이었다. 그의 부친 이하진(李夏鎭)은 숙종 때 사헌부 대사헌까지 지낸 유명한 선비였다. 그는 남인의 영수 허목(許穆)과 가까운 사이였다. 그런데 연로한 허목이 조정을 떠나자 위기가 찾아왔다.

이하진은 서인 김석주(金錫胄)와 날카롭게 대립했다. 김석주는 대동법으로 이름난 김육의 손자로서 송시열 등 노론과 가까운 관계였다. 1680년(숙종 6) 이조판서였던 김석주는 남인을 소탕하기에 골몰했다. 김석주는 남인 재상 허적(許積)의 서자 허견(許堅)이 역모를 꾀했다고 고발했다. 그 공으로 김석주는 보사공신(保社功臣)에 책록되어 기세등등했다. 이하진은 바로 그러한 김석주와 사사건건 의견을 달리했다. 노론은 이하진을 응징하는 데 나섰다. 결국 그는 평안도 운산군으로 유배되었다. 1681년에 이익은 그 유배지에서 출생했는데, 안타깝게도 이듬해에 부친은 곧 병사하고 말았다.

1706년(숙종 32) 이익이 스물다섯 살이 되던 해, 또다시 집안에 불운이 닥쳤다. 둘째 형 이잠(李潛)은 한 장의 상소를 올려 경종(당시에는 세자)의 보호를 주장했다. 그러자 노론은 이 일을 확대해서 이잠을 역적으로 몰았다. 이잠은 혹독한 고문을 받은 끝에 죽고 말았다. 이렇게 이익은 당쟁으로 말미암아 의지할 곳을 모두 잃어버렸다.

아버지를 일찍 여의고 어릴 때부터 철석같이 믿고 의지하던 형마저 잃어버리자, 이익은 절망했다. 그는 온 종일 집 안에 머물며 근신하고 은거할 뿐, 벼슬길에 뜻을 두지 않았다.

가난에서 벗어나고자 애쓴 남다른 선비

멸문지화를 입었으나 이익은 삶을 포기할 수 없었다. 그는 집안을 다시 일으켜야 한다는 책무를 느꼈다. 처음에 결혼한 고령 신씨는 곧 사별했고, 재혼한 사천 목씨와는 뜻이 잘 맞았다. 그들 부부는 살림에 힘써 집안의 질서를 잡았고, 슬하에 1남 1녀를 두었다.

늘그막에 얻은 아들 이맹휴(李孟休)는 아버지 이익에게 큰 보람이었다. 문과에 장원급제한 그는 30대에 벼슬이 예조정랑에 이르렀다. 학문에도 출중하여 이익의 후계자로서 부족함이 없었다. 그러나 명이 짧았던지 39세를 일기로 사망하고 말았다.

아들이 죽자, 이익은 조카 이용휴와 어린 손자들에게 기대를 걸었다. 이것은 물론 한참 뒤, 그가 노년에 접어들었을 때의 일이다.

젊은 시절부터 이익은 유달리 살림살이에 마음을 썼다. 조선시대의 양반들은 가난해도 아무런 대책이 없었다. 그들은 살림살이를 돌보는 것 자체를 부끄럽게 여기는 경향마저 있었고, 그래서 한번 빈곤의 늪에 빠지면 영영 헤어나지를 못했다. 그러나 이익은 이런 세태를 수긍하지 못했다.

둘째 형 이잠마저 세상을 떠나고 나자 집안 살림이 몹시 궁핍해졌다. 20대 중반의 이익이 스스로 집안 경영을 떠맡아야 했다. 그는 어머니 안동 권씨에게 살림 걱정을 끼치고 싶지 않았다. 어머니는 젊은 나이에 홀로 되어 온갖 풍상을 겪은 터였다. 이익은 우선 가난에서 벗어나는 것이 가장의 책무라고 여겼다.

이익은 집안에 규약을 정해두고 남에게 물건을 빌리지 않았고, 다른 사람들의 도움 요청도 함부로 들어주지 않았다. 그는 오직 자신의 땅에서 농사지어 얻은 수확량을 헤아려, 많든 적든 그것을 안배하여 자급자족했다.

논밭 일은 농사일에 익숙한 노복에게 전적으로 맡겼다. 살림
밑천인 노복을 함부로 학대하지 않았고, 정해둔 규칙대로 그들
을 대우했다. 그러자 노복들도 힘을 다해 부지런히 일했다. 경영
에 효과가 났던 셈이다. 이런 식으로 한 해 두 해를 지낸 결과,
이익의 살림살이는 만년에 이르러 상당히 넉넉해졌다. 그는 가
난을 극복하고, 생계의 안정을 회복한 것이다. 조카 이병휴가 쓴
〈가장〉에 다음과 같은 글귀가 나온다.

내가 선생의 문하에 수십 년을 출입하였지만, 노복을 꾸짖는
소리를 들은 적이 없다.
선생은 노복을 형제나 친척과 똑같이 어루만지고 보살펴주었
다. 부지런히 일하고 충성을 다한 노복이 죽자, 찾아가서 곡을 하
셨다. 또 집에서 기르던 개가 죽으면, 묻어주게 하셨다. 매사에 내
마음의 인(仁)을 확대하여 남에게까지 닿게 하시는 법이 이와 같
으셨다.

절약하지 않으면 방도가 없다

농사 외에도 이익은 뽕나무를 심어서 기르고 목화 농사를 지

어 옷감을 자급했다. 또 과일나무를 심어 제사의 용도에 충당했다. 그는 시장에서 물건을 구입하는 경우가 거의 없었다.

일체의 살림살이에서 사치는 극도로 배격되었다. 평소 밥상에 올리는 반찬 가짓수도 규칙을 정해 최소로 줄였다. 심지어 제사상에 올리는 제물도 소량의 깨끗한 음식이면 충분하다고 여겼다. 오히려 기름지고 넉넉한 상차림을 허락하지 않았다.

제아무리 귀한 손님이 찾아와도 반찬을 더 내놓지 않았다. 손님의 신분 여하에 관계없이 상차림은 늘 똑같았다. 특별한 이유도 없이 닭이나 개를 잡아먹는 일도 없었다. 이러니 부자가 아니 될 방법이 없었다.

그의 집에서는 닭을 많이 쳤다. 이익은 틈틈이 닭에게 모이도 주고, 닭이 커가는 모습을 자세히 살피기도 했다. 그는 닭에게서 '인간의 도리'를 발견하기도 했다. 이익의 문집에 보면, 닭을 관찰하면서 발견한 진정한 어버이의 사랑과 효도 및 우애에 관한 에피소드가 실려 있다. 실학자의 눈으로 바라보면, 동물의 습성에서도 배울 점이 있었던 것이다.

가령 외눈박이 어미 닭이 새끼 병아리들을 키우는 모습을 보며 그는 이렇게 말했다. "새끼를 기르는 것은 작은 생선을 찌듯이 조심스럽게 해야 한다. 교란시키는 것은 금물이다." 부모 노릇의 요체는 무조건 자식을 호의호식하게 해주는 것이 아니라, 사랑으로 조심스레 품어주는 데 있다는 말이다.

이익은 이렇게 말했다. "닭을 기르면서 그 덕분에 자식을 기르는 법을 내가 배웠다."

왜, 그토록 절약에 힘썼을까.

벼슬 없는 선비는 어려서부터 익힌 일이 책에 적힌 문자에 불과하다. 농사짓거나 장사를 하려 해도 힘이 감당하지 못한다.(이익, 〈삼두회서〉)

절약하지 않을 방도가 없다는 것이다. 나도 어려서부터 "양반의 살림은 규모가 제일"이라는 말을 자주 들었다. 이익이 그러했듯, 수입을 헤아려 지출하는 것이 가장 중요하다는 뜻이다.

구두쇠에 가까운 이익은 일체의 오락을 멀리했다. 담배 피우는 것도 쓸데없이 돈을 낭비하는 일이라며 당연히 반대했다. 당시에는 어린아이까지 담배를 피울 정도로 흡연 풍습이 널리 퍼져 있었다. 이익은 끽연에 반대하며 이렇게 말했다. "날마다 독한 연기로 신명(神明)이 깃든 몸을 쐬다니, 틀린 일이다. 반드시 담배를 끊어야 한다." 그 집안 식구들은 물론이고, 제자들도 스승의 가르침에 따라 장기와 바둑, 담배를 멀리했다.

한마디로 그는 깨끗하고 정갈한 의복에 만족하는 삶을 살았다. 음식도 허기를 면할 수 있으면 충분하다고 생각했다. 집안 살림에 들어가는 비용은 모두 한 해의 수확으로 충당했다. 실오

라기 하나라도 남에게 빌려 쓰지 않았다. 이런 뜻으로 그는 〈입검설(入儉說)〉, 곧 가정생활에서 절약을 실천하는 구체적인 방법을 글로 지어놓고 실천에 힘썼다. 퇴계 이황이 제사상에 유밀과를 올리는 것마저도 사치로 간주했던 것처럼, 이익은 극도의 검약함을 스스로에게 요구했다.

나아가서 이익은 절약과 검소함의 철학을 중시한 나머지 당대에 널리 유행하던 예학(禮學), 곧 예의에 관한 학설까지도 크게 바꾸었다. 이익은 번다한 여러 학설을 배격하고, 단순명료하게 정리했다. 정성이라는 이름 아래 사치와 낭비로 흐르던 예법을 고쳐, 가난한 선비의 실생활에 맞게 뜯어고쳤다.

1763년(영조 39), 이익은 83세의 나이로 세상을 떠났다. 자손들은 부엌 찬장에 있던 음식으로 전을 올렸다. 염을 할 때도 베 대신 종이를 사용했다. 명정(銘旌)도 값비싼 비단 대신 종이를 썼고, 관은 옻칠을 하지 않고 송진을 발랐다. 그의 상례에 사용한 물품은 검소하기 짝이 없었다. 이것은 모두 이익이 생전에 정해놓은 그대로였다.

콩죽 한 그릇으로도 풍족해

이익은 평소에 값싸면서도 영양이 풍부한 콩을 가장 귀한 식

품으로 여겼다. 흉년이 들면 콩을 갈아 죽을 끓여 먹었다. 〈반숙가(半菽歌)〉(콩을 반으로 쪼개며 부르는 노래)라는 장편의 시를 지어 콩의 미덕을 찬미할 정도였다. 한 대목을 소개하면 아래와 같다.

일생 동안 밭을 갈지도 풀을 매지도 않았네(生平不耕亦不耘).

배를 두드리며 지내지만 그 방법이 남다르다오(鼓腹含哺計甚差).

하느님이 오곡을 내려주셨거니와 그 가운데 하나가 콩이라오 (天生五穀菽居一).

그 가운데서도 빨간 것이 으뜸이라네(就中赤色尤稱嘉).

붉은 빛깔 불이 성하면 죽은 것도 살아나고, 검은색 물이 성하면 죽는 법이라오(火旺方生水旺死).

달콤하고 부드러운 맛은 사치가 심한 것이라(甜滑輕頓味更奢).

가난한 집안 재물이 부족하면 좋은 방편이 있거니(貧家乏財善方便).

헐값에 이것(콩)을 많이 바꾸어보시오(賤價易辨此亦多).

한번은 친족을 불러모아 콩죽 한 그릇에 된장 한 종지, 콩기름에 버무린 겉절이 한 접시씩 내놓으며 밤새워 이야기를 나누었다. 이익은 그 모임을 삼두회(三豆會)라고 불렀다.

"어른과 아이가 모두 모여 배불리 먹고 모임을 마쳤다. 비록 음식은 박했어도 정의는 돈독하기 이를 데 없었다." 이익의 자평

이다. 그는 "우리가 이렇게 검약에 힘썼음을 후손들에게 알리고
자 한다. 훗날 창고에 남은 곡식이 많다 할지라도, 반드시 1년에
한 번은 이런 모임을 마련하라. 보름이나 열흘 동안은 아침이나
저녁을 이런 식으로 먹어라. 대대로 법식으로 삼아 대대로 전하
여 그만두는 일이 없기 바란다"라고 썼다.

이익은 이런 근검절약의 생활을 가족에게만 권하는 데 그치
지 않았다. 한 마을에 사는 친척들도 절약에 힘쓰기를 바랐다.
그리하여 물자가 부족한 가운데서도 늘 굶주리지 않고, 간소하
지만 정성스레 예법을 실천하며 살기를 당부했다.

세상을 구하는 것이 진정한 효도

벼슬이 있든 없든 그와 그 가족은 조선 사회의 지배층인 양
반이었다. 선비의 정체성을 가지고 살았던 그에게 효도란 남다
른 것이었다. 그런데 뜻밖에도 정성껏 부모님을 봉양하는 것보
다 중요한 것이 있었다. 세상을 구하는 것이었다. 〈자식을 훈계
하는 여덟 가지 조목(訓子八條)〉에 이익의 생각이 잘 나타나 있다.

① 항상 마음이 몸을 떠나 있는지를 잘 살펴라.
② 온유함으로써 백성을 사랑하라. 작은 잘못을 용서하고, 정

말 잘못이 있는지를 잘 살펴라.

③ 함부로 성내지 마라. 하리(下吏, 아전이나 관청의 노비)가 잘못을 저지르더라도 너그럽게 대하라.

④ 부로(父老, 고을의 어른)들을 불러 고충을 들어보라.

⑤ 상관을 부형(父兄)처럼 섬기라.

⑥ 소송이 있을 때는 반드시 거짓말하는 사람의 이름을 기록해 두라.

⑦ 고을의 실무를 맡은 아전의 잘못이 명백하지 않을 때는 함부로 꾸짖지 마라. 조용히 관찰해보라.

⑧ 백성을 잘 다스리는 데 마음을 써라. 집안일을 걱정하지 마라. 나라를 저버리지 않는 사람이 효자다.

나중에 아들 이맹휴는 벼슬길에 나아가 남쪽 고을의 수령이 되었다. 임지에서 아들이 음식물을 보내왔다. 그러자 이익은 돌려보내면서 편지를 보내 꾸짖었다.

백성에게 물건을 거두는 것은 열에 여덟아홉이 그릇된 것이다. 이것으로 어버이를 봉양하다니 안 될 말이다. 나는 고향 집에 남아서 제철에 내 밭을 경작해서 굶주림과 추위를 면할 수 있다.

이익은 아들 덕분에 호사할 생각이 조금도 없었다. 선비, 요샛말로 지식인이란 몸은 비록 초야에 있더라도 온 세상을 염려해야 한다. 이익은 그렇게 믿었다. 그리하여 그는 젊은 시절부터 묵묵히 나라의 폐단을 연구하고 바로잡을 대책을 궁리하여《곽우록(藿憂錄)》을 지었다. 이익의 문집에 실린 〈잡저(雜著)〉와 허다한 서찰에도 국가의 비용을 절약하고 백성을 넉넉하게 만들 방도가 자세히 기록되어 있다.

이익은 역사상의 폐단을 세 가지로 요약했다. 첫째는 임금만 높이고 신하를 억누르는 폐단으로, 이는 진시황으로부터 비롯된 것이라 했다. 둘째는 인재를 등용할 때 지나치게 문벌만 숭상하는 경향이다. 조조(曹操)로부터 시작되었다고 했다. 셋째는 문장으로 과거시험을 치게 하는 폐단인데, 수나라 양제 때 시작되었다고 보았다. 이익은 이 세 가지를 없애야만 올바른 정치가 가능하다고 주장했다.

이익이 가장 중시한 문제는 과거제도의 폐단이었다. 조선시대의 과거제도는 유교 경전에 관한 폭넓은 지식의 유무를 판단하는 데 초점이 맞춰져 있었다. 그러나 이런 시험으로는 당사자가 과연 유교의 가치를 충실히 실천하는 사람인지 알 수 없었다. 게다가 그가 복잡한 행정실무를 감당할 인재인지도 알 수 없었다. 이익은 그런 점을 문제 삼았다.

이익은 궁리 끝에 중국 당나라 때의 효렴과(孝廉科), 또는 조선 중종 때 조광조가 시행한 현량과(賢良科)의 장점을 살리는 것이 좋겠다고 생각했다. 효렴과와 현량과는 유교적 지식에 더해서 당사자의 인품과 능력에 관한 지역 사회의 평판을 고려한 인재 등용 방식이었다. 이익은 학문적 이론과 실천이 모두 중요하므로 실지에 적합한 인재를 등용해야 한다고 생각했다. 조정에 진출할 기회가 막혀 있던 그로서는, 이는 그저 하나의 정신적 실험일 뿐이었다. 그런데 아직까지도 우리 사회가 지식 위주의 고시 및 공무원 시험에 얽매여 있다는 사실은 정말 안타까운 일이다.

초야에 있으면서도 세상 구제를 자신의 책무로 삼았던 이익, 그의 사상은 지배층의 이익을 줄여서 민생을 살리는 것이 핵심이었다. 비록 당대에는 시행되지 못했으나 후세가 본받을 일이었다.

꼭 핏줄이 통해야만 아버지일까

이익의 학문은 넓고 풍부했으나 번거롭지 않고 초점이 뚜렷했다. 자신에게 늘 엄격하고 근검절약하는 생활을 실천했으나, 다른 사람에게는 온화하고 너그러웠다. 자제들과 제자를 가르칠 때면 알기 쉽고 평이하게 가르쳐, 어진 사람은 물론이고 어리석은 사람도 마음껏 배울 수가 있었다.

그러나 벼슬길이 막혀 높은 뜻을 제대로 시험해보지 못했다.

게다가 굳게 믿었던 아들마저 일찍 죽는 바람에 한스러움이 적지 않았을 것이다. 그렇긴 해도 이익은 팔순의 고령에 이르기까지 많은 책을 써서 후학들에게 등불을 환히 밝혀주었다. 따지고 보면, 아버지보다 앞서간 이맹휴만 아들이 아니다. 이익을 존경하는 우리 모두가 그 아들이 아닐까.

아버지란 결코 입으로만 가르치는 이도 아니고, 핏줄이 직접 통해야만 되는 것도 아닐 것이다. 삶 자체로 모범이 되어야 진정한 아버지다. 누구보다 이익을 마음 깊이 존경했던 정약용, 그는 충청도 금정찰방으로 부임하기가 무섭게 선비들과 함께 이익의 문집을 읽고 교열을 했다. 1795년(정조 19), 봉곡사에서 이병휴의 아들 이삼환과 함께 그런 작업을 하지 않았더라면, 실학의 집대성은 한동안 더 미뤄졌을 것이다.

더 읽을 거리

강경원, 《이익: 인간소외 극복의 실학자》, 성균관대학교 출판부, 2002.

강명관, 《성호, 세상을 논하다: 성호 이익의 비망록 성호사설을 다시 읽다》, 자음과모음, 2011.

이익, 고정일 옮김, 《성호사설》, 동서문화사, 2015.

이익 편, 이광호 옮김, 《이자수어: 성호 이익이 가려 뽑은 퇴계학의 정수》, 예문서원, 2010.

한우근, 《성호 이익 연구》, 한국학술정보, 2003.

사화도 꺾지 못한 기개 — 유계린

위기를 기회로 바꿔준
열 가지 교훈

●

사화(士禍)는 15세기 말 연산군 때 시작되어, 16세기 전반 명종 때까지 네 차례나 거듭되었다. 무오사화(1498), 갑자사화(1504), 기묘사화(1519), 을사사화(1545)가 그것이다. 사화마다 발생 배경이나 전개 과정에는 상당한 차이가 있다. 하지만 큰 틀에서 보면 한 가지 공통점이 있다. 그것은 사림파, 곧 당대의 진보적 지식인들이 훈구파와 왕실 외척들로부터 정치적 탄압을 받은 일련의 사건이라는 점이다. 현실주의자들이 성리학의 정치이념을 구현하고자 했던 이상주의자들을 거세한 것이었다.

거듭된 사화로 사림파가 입은 타격은 막대했다. 그러나 사림파는 소멸되지 않았다. 그들은 도리어 조선 사회의 주도층으로 성장해서 17세기가 되면 사림의 시대가 열린다. 이런 일이 어떻게 가능했을까? 여러 가지 원인이 있었지만, 그 문제를 여기서 일일이 따져볼 겨를은 없다. 다만 지나칠 수 없는 한 가지 중요한 사실이 있다. 그들이 세찬 시련과 위기를 극복하고 성장한 배경에는 아버지들의 비상한 노력이 있었다는 점이다.

새삼스레 미암(眉巖) 유희춘(柳希春, 1513~1577)이라는 호남의 성리학자 집안의 이야기를 꺼내는 이유가 거기 있다. 유희춘은 말년에 벼슬이 홍문관 부제학(정3품)에 이르렀다. 그는 당대의 석학 모재(慕齋) 김안국(金安國)과 신재(新齋) 최산두(崔山斗)의 제자였다. 청년 시절부터 학자로서 이름을 날렸고, 죽은 후에는 전라도의 담양과 무장(고창) 및 함경도 종성의 여러 서원에 배향되었다. 전국의 여러 서원에서는 그의 신주(神主, 죽은 사람의 위패)를 받들어, 해마다 봄 가을에 제사를 올림으로써 유희춘의 학덕을 기렸던 것이다. 그가 노년에 쓴 《미암일기(眉巖日記)》는 《선조실록》을 편찬하는 데 가장 중요한 자료가 되었다. 유희춘의 부인 홍주 송씨 역시 당대의 여류 문사였다. 덕봉(德峰)이란 호로 이름난 그녀는 한시(漢詩)에 능통했다.

이렇게 몇 줄로 뭉뚱그려놓고 보면, 그 집안에 과연 무슨 큰 어려움이 있었다는 것인지 짐작조차 할 수 없다. 실상은 비참했다. 그들은 연거푸 네 차례의 사화에 얽혀 상당한 대가를 지불해야 했다. 그럼에도 불구하고 그들은 성리학자 가문의 전통을 굳게 지키며 성장을 거듭했다. 결국은 나라 안에서도 이름난 명

문가가 되었다. 바로 그 성공의 이면에 유희춘의 아버지 유계린
(柳桂隣)의 지혜와 노력이 있었다.

해남 성내에 숨어 산 사연

유계린(柳桂隣, 1478~1528)은 조선 초기 사림파의 일원이었다.
그의 스승은 김굉필(金宏弼)이었다. 소학동자(小學童子)라는 별호로
도 유명하다. 김굉필은 무오사화 때 평안도 희천에 유배되었다.

사건의 발단은 〈조의제문(弔義帝文)〉이라는 한 편의 글이었다.
그 저자는 김종직(金宗直)으로, 고려 충신 길재(吉再)의 학통을 이
어 조선 초기 사림파의 종장(宗匠)이 되었다. 김종직은《세조실
록》에 실린 문제의 글에서 은연중 세조의 왕위 찬탈을 중국 고
대의 항우가 초(楚)나라 회왕(의제)을 죽인 사건에 비유했다. 유
자광을 비롯한 훈구파는 바로 그 점을 문제 삼았다. 유자광 등
은 김종직을 불충한 신하로 규정하고 부관참시의 벌을 내리도
록 했다. 그들은 김종직의 제자 김일손과 김굉필 등 사림파를
대거 숙청하고, 조정의 권력을 독점했다(이 이야기는 4장 '김숙자' 편에
나와 있다).

그로부터 6년 뒤인 1504년(연산군 10)에 갑자사화가 일어났다.
이번에는 왕실 외척들이 사화를 일으킨 장본인이었다. 그들은

연산군의 어머니 윤씨(尹氏)의 복위를 추진하면서, 이를 반대하는 일부 훈구파와 사림파를 역신(逆臣)으로 몰아 잔혹하게 처벌했다. 유계린의 스승 김굉필은 사림파의 영수로서 이 사건에 다시 연루되었다. 김굉필은 전라도 순천으로 유배되어, 결국 거기서 사약을 마시고 운명했다.

무오사화와 갑자사화, 두 사화는 유계린에게 깊은 상흔을 남겼다. 그는 스승 김굉필과 많은 동료 및 선배를 잃었다. 뿐만이 아니었다. 유계린에게는 친아버지와도 같았던 장인 역시 두 번씩이나 사화로 인해 직접적인 피해를 보았다. 그의 장인 최부(崔溥)는 이미 무오사화 때부터 김굉필과 함께 유배형을 당했다. 그때 최부는 함경도 단천으로 귀양 갔었다. 그러다가 갑자사화가 일어나자 김굉필 등과 함께 사형을 당했다.

흔히 조선 초기의 사림파라면 영남 출신의 성리학자들만 떠올린다. 사실은 그렇게 단순하지 않았다. 경기, 충청은 물론 호남에도 상당수의 사림파가 있었다. 최부는 호남 성리학자의 대표적인 인물로서 김종직이 아끼던 인물이었다.

최부의 호는 금남(錦南)으로 훗날《표해록(漂海錄)》이란 책으로 명성을 얻었다. 그는 왕명으로 제주도에 갔다가 갑자기 부친상을 당했다. 귀향을 서두르던 중 그가 탄 배가 표류하는 바람에 뜻하지 않게 중국을 다녀왔다(1488). 당시 명나라 황제는 최부를 만나보고자 했다. 그러나 그는 상중(喪中)의 죄인이라는 이유로 알현을 거절했다. 당혹한 명나라 조정은 강압적인 방법을 써서 황제와 그의 대면을 성사시켰다. 이런 일련의 사건을 기록한 것이《표해록》이다. 요컨대 이 책에는 개인의 권력이나 명예보다는 예법을 앞세우는 조선 성리학자의 관점이 뚜렷하게 드러나 있다. 그것은 동시대의 중국 및 일본의 유학자들보다 훨씬 더 성리학 근본주의에 가깝다는 점에서 후세의 관심을 끌 만한 것이었다.

두 차례의 사화로 장인과 스승을 한꺼번에 잃었을 때, 유계린의 나이는 20대 초반에 불과했다. 그의 상심은 깊었다. 그 상처로 말미암아 평생 그는 벼슬길에 나아가지 못했다. 그저 고향 해남의 성내를 서성일 뿐이었다. 유계린이 자신의 호를 성은(城隱), 즉 성안에 숨어 지내는 사람이라고 자처한 데는 이런 기막힌 사연이 있었다.

그러나 어쩌겠는가? 유계린은 권토중래(捲土重來)를 다짐하며, 스스로를 채찍질했다. 스스로 거가십훈(居家十訓, 가정생활에서 유념할 열 가지 교훈)을 짓고 몸소 이를 실천했다. 그에게는 한 가지 간절한 소망이 있었다. 부디 자손들이 성리학의 이상을 포기하지 않고, 그 덕목을 누구보다 열심히 실천하여 가문을 재건하고 나라를 바로잡는 것이었다.

개인적 욕심을 차단하려면

훗날 유희춘은 작고한 아버지 유계린을 그리워하며, 아버지의 "언행과 문장은 순수하고 흠이 없었다"라고 회상했다. 유희춘은 아버지의 탁월한 행적이 후대에 전해지지 못할까 봐 조바심을 냈다. 그리하여 "두려워 삼가 피눈물을 흘리며, 아버님이 집안에서 독실히 실천하신 '거가십훈'을 기록"했다.

'거가'란 벼슬을 멀리하고 집 안에 머문다는 뜻이다. 유계린은 김굉필과 최부 등 당대 최고의 성리학자로부터 가르침을 받은 학자답게 성리학적 이념을 일상생활에서 실천하기에 힘썼다. 이를 증명하는 것이 '십훈'이었다. 그 대강은 다음과 같다.

우선 유계린은 자신의 불우한 처지에도 불구하고, 한시도 선비의 기상(氣像)을 잃지 않고자 했다. 일찍이 유계린은 아들들에게 다음과 같이 경계했다. "어깨를 으쓱이며 아첨(阿諂)하고 웃는 것은 여름철 밭에서 일하는 것보다 더 고통스러운 일이다. (……) 너희들이 훗날 벼슬길에 나가게 되면 올바름을 지키는 데 힘써야 한다. 남에게 절개를 굽혀서는 결코 안 되느니라."

유계린은 선비의 자존심을 지키며 살기 위해 불필요한 외출을 하지 않았다. 그는 한 해에 겨우 두어 차례 바깥출입을 할 정도였다.

또 부당한 사적 '욕심을 차단하기(窒慾)'에 노력했다. 일상사를 처리할 때도 성리학의 가르침을 따라 이해관계를 멀리하고, 순리(順理)대로 결정할 것을 다짐했다. 아울러 대인관계에서는 상대방의 됨됨이를 미리 알아볼 줄 아는 능력(知人)을 갖추고자 했다. 그는 초야에 묻힌 선비로서 매사에 한층 더 관대하고 진실하기를 스스로에게 요구했다. 그러면서도 대의에 따른 결단이 필요하다면 누구보다 과감하기를 스스로 약속했다.

거가십훈의 네 가지 요체

내가 보기에 '거가십훈'의 요체는 네 가지다. 첫째는 효(孝)를 실천하는 생활이었다. 아들 유희춘은 다음과 같은 일화를 전하며, 아버지의 효성과 상중(喪中) 예법에 감복했다.

선친(유계린)의 나이 23세 되던 경신년(1500), 할아버지께서 작고하셨다. 선친은 순천에서 여막(廬幕)을 지키며 애통해하고 사모함이 지극하였다. 소상(小祥)을 마치고 일이 있어, 부득이 해남을 왕래하셨다. 그때 어머니(탐진 최씨)와 한 방에서 13일을 같이 지내셨으나, 예(禮)로써 멀리하였다.

작별할 때가 되자 어머니께서 눈물을 흘리며 말씀하셨다. "열흘 넘게 머무셨으나 따뜻한 말 한마디 나누지 못했으니, 더욱 슬

폽니다." 선친은 민망히 여기며 (조부의 묘소를 향해) 길을 재촉하셨다.

우리 집 여종 눌비가 그때 그 방 안에 함께 있었던 관계로 전후 사정을 잘 알았다. 눌비는 늙을 때까지도 그때 일을 자주 말하곤 하였다. "앞뒤로 듣고 보아도, 우리 주인님(유계린)만큼 공경할 만한 분이 안 계십니다."

둘째, 유계린은 '제가(齊家)', 즉 집안을 원만하게 다스리는 데 심혈을 쏟았다. 유희춘은 몇 가지 일화를 간단히 기록하며 아버지에 대한 존경심을 표했다. 유계린처럼 벼슬길에 나가지 못한 선비에게 '제가'보다 더 중요한 일은 아마 없었을 것이다.

선친은 부부 사이에도 서로 공경하기를 손님같이 예를 갖추었다. 그러나 애정은 처음부터 끝까지 한결같았다. 35년간 함께 사셨는데, 한 번도 첩을 사랑하신 적이 없으셨다.

하나뿐인 아우 계근(桂近, 유희춘의 숙부)과는 서로 우애가 깊으셨다. (……) 올벼가 나오는 논(旱稻田)을 그에게 다 주었다. (선친에게는) 누이가 두 명 있었는데, 조모께서 생전에 몹시 사랑했다. 그 점을 고려하여 선친은 동기간에 재물을 나눌 적에 좋은 전답과 노비는 다 그들에게 양보하셨다.

자식 사랑도 고르게 하여 편애함이 없으셨다. 새끼에게 먹이를 고루 나눠주는 뻐꾸기의 사랑이 계셨다.

노비들도 아끼셨다. 그들의 나쁜 점은 미워하셨지만 장점을 알려고 노력하셨다. 자상하고 가엾이 여기는 마음이 몸에 배셨다. 그런 선친이 작고하시자, 어른 아이 할 것 없이 노비들이 넋을 놓고 곡성을 터뜨려 마치 자기네 친부모가 돌아가신 것처럼 하였다. 마을에 사는 백성들 중에도 우리 집을 드나들던 사람들은 너 나 할 것 없이 한숨을 내쉬고 탄식하며, '덕인(德人)이 돌아가셨다'고들 하였다.

셋째, 유계린은 함부로 벼슬에 나가는 것을 스스로 경계하고, 자손만대의 안전을 위해 고향인 해남 땅을 떠나려고 했다. 다시 말해 재산이 넉넉하면 벼슬에 연연할 이유가 없으며, 해남처럼 왜구의 침입이 염려되는 곳은 자손의 장래를 위해서라도 떠나야 한다고 생각했다. 훗날 유희춘이 담양 대곡(大谷)으로 집을 옮기고, 상당한 전답을 마련해서 생계의 안전을 꾀한 것은 아버지의 뜻을 따른 것이었다.

넷째, 유계린은 가문의 품격을 유지하기 위해 부단히 공부에 힘썼다. 그는 기억력이 뛰어나고, "문리(文理)가 투철하였다." 아들 유희춘의 증언에 따르면 그러하였다.

고문(古文) 중에 까다로워 이해하기 어려운 곳이나 의미가 애매한 어려운 부분도 대나무를 쪼갠 듯 명쾌하게 이해하셨다.

고을의 여러 자제들이 와서 (선친께) 수업을 받았다. 십수 년 동안 그들을 지도하는 데 조금도 게으름이 없으셨다. 아동에게 글을 가르침에 반드시 먼저 강령(綱領), 즉 대의를 알려주고 그 문맥과 이치를 펼쳤다. 그런 가르침 덕분에 작고한 형님(유성춘)도 어릴 적부터 문의(文義)에 밝았고, 글 또한 잘 지었다.

아버지의 가르침을 받은 유희춘 역시 문장 분석력이 탁월하여 당대 최고의 경학자(經學者)로 손꼽혔다.

거듭 강조하지만, '거가십훈'이 유계린의 독특한 생활철학을 표현한 것은 아니었다. 그것은 성리학의 경전인 사서삼경에 일관되게 나타나는 도덕철학이었다. 15~16세기 조선 사회에서 이러한 도덕률을 따르고 몸소 실천하는 행위는 혁신적이고 진보적인 것이었다. 당시 대다수 지배층은 이러한 도덕률을 무시하고 현실적 이익과 쾌락을 노골적으로 추구했기 때문이다. 유계린이 지배층의 구태를 비판하고 성리학적 도덕실천 운동에 나선 것은 특기할 만한 일이었다.

결과적으로 유계린은 '거가십훈'의 실천을 통해 멸문의 위기에서 벗어났다. 거듭된 사화로 인해 그의 집안은 자칫 몰락할 수도 있었다. 그러나 좌절의 위기 속에서 유계린은 오히려 성리학적 가르침을 온전히 구현하는 데 힘썼다. 이로써 가문의 위기는 출세의 기회로 바뀌었다. 앞에서 설명했듯, 그는 사화로 말미암아 스승 김굉필을 잃었다. 아버지처럼 의지하던 장인 최부마저도 참형을 당하는 모진 수난을 견뎌야 했다. 그래도 유계린은 낙담하지 않았다.

그는 학문에 힘쓰면서도 가난한 선비의 살림을 안정시키는데 힘썼다. 그에 더하여 자식들을 훌륭한 성리학자로 기르기 위해 정성을 다했다. 그런 덕분에 성리학자로서 그의 명성은 향촌 사회에서 더욱 드높아졌다. 살림살이도 폈고, 가족이 화목하여 지역 사회의 칭송을 받았다. 게다가 그의 학문적 지도를 받은 두 아들, 유성춘과 유희춘은 전국적인 명망가가 되었다.

늘 마음을 공정하게 하라

유계린이 심혈을 기울여 가르친 첫째 아들 유성춘(柳成春, 1495~1522)은 약관 20세에 문과에 급제해서 세상을 놀라게 했다. 유성춘은 윤구 및 최산두와 더불어 '호남삼걸(三傑)'로 불릴 만큼 명망이 높았다. 중종 때 조정에 진출한 그는 당대의 개혁정치가 조광조(趙光祖)의 정치적 동반자가 되었다.

유성춘은 곧 이조정랑에 등용되어 사림파의 정계 진출에 산 파 역할을 맡았다. 알다시피 이조정랑은 6품 이하 당하관을 등용하는 데 상당한 자율권을 행사했다. 아울러 삼사, 즉 사헌부, 사간원, 홍문관의 관리 임용에도 영향을 미치는 요직이었다. 조광조와 더불어 유성춘은 성리학의 이상을 현실정치에서 구현하기 위해 노력했다.

그러나 정치적 역풍이 불었다. 1519년(중종 14)에 기묘사화가 일어나서 조광조 등 사림파가 일망타진되었다. 유성춘 역시 무사할 리 없었다. 그는 경상도 금릉현으로 귀양을 갔다가 가까스로 풀려났지만, 고향으로 돌아오자 곧 숨을 거두고 말았다. 향년 28세였다. 아버지 유계린은 이런 비극적 사태에 직면하여 말을 잃었다. 아버지는 시름시름 앓다가 큰아들 유성춘이 억울하게 세상을 뜬 지 6년 만에 눈을 감았다.

말년의 유계린은 실의 속에서도 차남 유희춘에게 한 가닥 희망을 걸고, 그 학문적 성취에 온 힘과 능력을 바쳤다. 유희춘은 자신의 어린 시절을 회상하며 이렇게 말했다.

"선친은 3남 중에서 희춘(차남)을 특별히 아끼시어 매번 몸소 업고 거닐며 말씀하셨다. '우리 집안을 일으킬 아이는 이 아들이다.'"

장자 유성춘이 죽은 뒤 아버지는 더욱더 유희춘을 아끼며 채찍질했다. "늘 네 마음을 공정하게 해야 한다. 한번이라도 마음이 치우치는 경우가 있다면, 그로 인해 일이 어긋나고 윤리가 흐려지기 마련이다."

유계린이 세상을 뜬 다음, 유성춘의 자손은 유희춘에게 의지해서 가까스로 가문을 보존했다. 유성춘의 아들과 손자들, 즉 유연개(柳沿漑)를 비롯하여 유광운(柳光雲)과 유광문(柳光雯)이 유희춘의 각별한 보살핌을 필요로 했다. 그러나 그 역시 순탄한 일이 아니었다.

아들의 무한한 존경을 받은 아버지

사림과 유씨 일가의 수난은 세 차례의 사화로도 끝나지 않았다. 유계린의 차남 유희춘 역시 1545년(명종 즉위년) 을사사화에 얽혀 고난을 겪었다. 유희춘은 무려 20년 동안 궁벽한 함경도 종성에서 귀양살이를 하는 비참한 신세였다.

아버지 유계린이 생전에 그런 비극을 보지 않은 것은 그나마 불행 중 다행이리라. 유희춘은 아버지가 작고한 지 10년 만에 문과별시에 당당히 급제하여 조정의 반열에 섰다(1538). 어릴 적부터 그는 아버지 유계린이 실의를 극복하고 '십훈'을 실천하며 성리학자의 외로운 길에 매진하는 모습을 지켜보았다. 그는 아버지를 무한히 존경해서, 아버지를 자신의 사표(師表)로 삼았다.

그래서 훗날 아버지의 '거가십훈'을 글로 적어 자손만대에 이르도록 굳게 지키라고 당부했다.

바로 그 아버지 유계린은 아들 유희춘의 운명을 예감했다. 언젠가 아버지는 《주역》을 가지고 아들의 운명을 점쳐, 이렇게 경계했다.

"네 운명은 (……) 정괘(井卦) 구오(九五)에 해당한다. 그 〈괘사(卦辭)〉는, '한 번은 고개를 숙이고 한 번은 하늘을 우러르노라. 초수(楚水)와 회산(淮山) 땅에 한이 더욱 깊구나'라고 하였다. 이로 보아 너는 장차 멀리 귀양 갈 조짐이다. 그러므로 벼슬길에 나서더라도 정상에 오르기를 기약하지 말고, 중도에 몸을 거두어 전원으로 돌아가는 것이 좋겠다."

사화라면 치를 떨던 유계린이었다. 그는 둘째 아들 유희춘이 장차 과거에 급제하여 큰 뜻을 펼 수 있기를 간곡히 바라면서도, 행여 아들이 잘못될까 봐 근심했다. 당대의 진보 세력인 사림파에 대한 기득권층의 질시와 탄압이 끊이지 않았기 때문이다. 추가 한쪽으로 기운 권력 판에서 감히 정의의 구현을 바랄수는 없었다.

이러한 유계린의 염려는 현실이 되었다. 유계린의 스승과 장인, 그리고 두 아들에 이르기까지 온 집안이 네 번의 사화를 겪으며 직접적인 피해자가 되었다. 그러나 유씨 일가는 시류를 좇아 기성 세력에 아부하거나 좌절하지 않았다. 그들은 대를 이어

가며 절개와 지조를 숭상하고, 성리학의 근본 이념에 투철하고
자 했다. 16세기 후반에 경향 각지에는 그와 호흡을 같이한 다
수의 성리학자 집안이 존재했다.

사림파의 찬란한 부활

결국에는 사회적 변화가 일어났다. 선조의 즉위와 더불어 그
동안 사화에 시달리던 성리학자들이 대거 조정에 복귀했다. 유계
린의 아들 유희춘도 오랜 귀양살이에서 풀려났다. 선조는 유희춘
의 학덕을 높이 평가해서 대사헌과 전라감사를 거쳐 홍문관 부
제학에 임명했다. 유희춘의 여생은 순탄하고 평안했다.

그가 누린 말년의 영예는 고난 속에서도 끝내 좌절하지 않고
학문과 인격을 부단히 연마한 노력 덕분일 것이다. 그러나 그것
은 두말할 나위 없이 '거가십훈'이 상징하는 아버지 유계린의 강
철 같은 신념과 실천 의지를 토대로 했다.

거가십훈

① 사람의 기상은 단정하고 정중해야 한다. 경솔하지 마라. 깊이 가라앉은 듯
침착하여 꼭 필요한 말만 하도록 하라.

② 재물과 여색 따위를 탐하면 잘못된 사람이 되고 만다. 너희는 이를 깊이 경계해야 한다.

③ 어버이를 정성껏 섬겨라. 부모님의 편지는 잘 간수해서 한 장이라도 잃어버려서는 안 된다.

④ 가정생활에서는 마음을 공정하게 가져야 한다. 편애하면 사이가 어긋나고 윤리가 무너진다.

⑤ 결코 남에게 아부하여 자신의 절개를 굽히지 마라.

⑥ 일을 처리할 때는 순리에 맞는가를 따지고, 이해관계에 얽매이지 마라.

⑦ 편파적이고 아첨하는 사람은 삿되다. 질박하고 진실하여 변함이 없고 신의가 있는 사람이 옳다. 너희는 마땅히 이를 기억하라.

⑧ 아첨으로 스스로를 더럽히지 말며, 진정한 마음을 가지고 사물을 극진하게 대하라.

⑨ 벼슬의 어려움이 산보다 높고 바다보다 험하다. 먹고살 만하다면 전원으로 돌아갈 줄 알아야 한다. 명예와 이익만 추구하다 풍파를 맞으면 무슨 소용이 있으랴.

⑩ 《강목(綱目)》에 관한 윤씨(尹氏)의 주석을 읽다가 저절로 춤을 추었다. 뜻이 좋은 글은 반드시 적어두고 마음의 지향을 삼으라.

더 읽을 거리

강혜선, 《한시 러브레터》, 북멘토, 2015.

이연순, 《미암 유희춘의 일기문학》, 혜안, 2012.

정창권, 《홀로 벼슬하며 그대를 생각하노라: 미암일기 1567~1577》, 사계절, 2003.

정창권, 《조선의 부부에게 사랑법을 묻다》, 푸른역사, 2015.

스승이자 친구이자 아버지 — 김장생 —

부자간에 서로 공경하고
예를 다하다

●

아버지가 아들을 가르쳐서 자신의 학문을 후세에 전한 경우는 드물다. 자식을 직접 가르치다 보면 부자의 정이 엷어지기 쉽다. 아들 사도세자의 교육에 지나치게 열중하다가 영조는 부자간에 돌이킬 수 없는 비극을 낳았다. 현대에도 지나친 '치맛바람'은 부작용을 가져오는 일이 잦다.

그러나 모든 일에는 예외가 있기 마련이다. 17세기 조선 사회에 '예학(禮學)'의 새바람을 불러일으킨 사계(沙溪) 김장생(金長生, 1548~1631)과 신독재(愼獨齋) 김집(金集, 1574~1656) 부자의 경우가 그랬다. 아버지는 아들에게 최고의 스승이자, 세상에 다시없는 친구였다. 그들 부자는 서로에게 공경의 예(禮)를 다함으로써, 신기하고 오묘한 조화경(造化境)을 이루었다. 상호존중의 극치였다.

그들 부자는 충청도 연산(논산)의 향리에 묻혀 지낼 때가 대부분이었다. 아버지 김장생은 학자로서 명성이 자자해, 그의 거처는 이름난 연산서당(連山書堂)이 되었다. 전국 각지에서 많은 선비들이 찾아와서 가르침을 청했다. 선비들의 눈에는 아버지의 곁을 조용히 지키는 아들 김집의 모습이 꽤 인상적이었다.

1606년(선조 39), 전라도 고부 출신의 선비 권극중(權克中)은 두 달 동안 연산서당에서 머물면서 김장생의 가르침을 받았다. 그때 그는 스승 부자의 조화로운 삶을 목격하고 감동을 받았다. 그리하여 자신이 보고 느낀 바를 글로 정리해서 후세에 남겼다 (〈유사(遺事)〉, 《신독재전서》 제20권). 한마디로 김장생과 김집 부자의 일거수일투족은 《소학(小學)》에 나오는 내용 그대로였다고 한다.

권극중의 붓끝을 따라 연산서당의 정경을 그려보면, 김장생 부자의 일상이 손에 잡힐 듯 선명하게 다가온다.

《소학》에 나오는 내용 그대로 산 아버지와 아들

아들 김집은 효성이 지극했다.

침실이나 서재에 훼손된 곳이 있으면, 신독재 선생이 손수 살펴보고 수리하였는데 흙손질도 직접 하였다. (……) 선생(김장생)께서는 준치(眞魚), 식혜, 메밀국수를 즐기셨다. (김집은) 식혜를 끼니마다 챙겨 그릇에 가득 담아 올리고, 국수는 사흘마다 한 번 올리는 것을 규칙으로 삼았다. 당시 선생의 집이 매우 가난했다. 그러나 신독재가 음식 일체를 미리미리 준비하여 부족하지 않게 하였다. 만일 상에 올릴 고기가 없으면 몸소 그물을 들고 서당 앞 시냇가로 가서 물고기를 잡아왔다. 밭 갈고 김매고 수확하는 일이며 요역(徭役)을 바치는 일 등 집안의 모든 일을 손수 다 맡아서 어버이께 걱정을 끼치지 않았다. 그는 선생이 타시는 말도 살찌게 잘 보살폈고, 안장과 굴레 등도 항상 빈틈없이 손질하였다. 다니시는 길까지도 항상 깨끗이 쓸었다. 울타리 밑까지도 항상 손을 보았다. 이처럼 보통 사람으로서는 하기 어려운 온갖 일을 묵묵히 차분하게 다 하면서도 전혀 힘든 기색이 없었다.

아들 김집의 효성은 강요된 것일까. 아버지 김장생의 성품이 과연 어떠했을지 궁금하다. 권극중의 글을 따라가면 답이 보인다.

유심히 살펴보았더니, 사계 선생은 덕성이 얼굴에 넘치고, 기상이 온화하고 단아하셨다. 가까이 모시고 있노라면, 마치 봄바람 속에 있는 것과 같았다.

김장생은 권위를 부리거나 독선적으로 행동하는 인물이 아니었다는 것이다. 그는 누구보다 온화하고 관대하고 참을성이 많은 사람이었다. 극기복례(克己復禮), 곧 사적 욕망을 이기고 예를 회복하는 데 평생을 바쳤다 해도 과언이 아니다.

그런 김장생과 김집 부자가 함께하는 공간은 화기애애했다. 김장생과 김집의 수제자였던 송시열(宋時烈)의 회고담에도 그런 내용이 나온다(송시열, 〈어록(語錄)〉, 《신독재전서》 제18권).

선생(김집)이 서제(庶弟)와 함께 노선생(김장생)을 모시고 계셨다. 마침 서제는 참봉 윤재(尹材)에게 답장을 쓰고 있었는데, 상대를 '존형(尊兄)'이라고 불렀다. 그러자 선생은, '세상 풍속이 그렇지 않다'라고 말씀하셨다. 서제가 고쳐 쓸 때까지 (선생은) 온화한 말로 거듭 타이르셨다. 노선생께서는 묵묵히 그 광경을 지켜보시더니 빙그레 웃으셨다.

당시 선비들은 아들 김집을 선생, 아버지 김장생을 노선생이라고 불렀다. 이 일화에서 알 수 있듯, 아버지 김장생은 매사에 개입을 자제했다. 그는 미소를 지으며, 두 아들이 어떻게 하는지를 지켜볼 뿐이었다.

김장생은 가정에서 서자를 차별하지도 않았다. 고소설 《홍길동전》에 보면, 서자는 아버지를 아버지라 부르지 못하고 형을 형이라 부르지 못하는 처량한 신세였다. 실제로 서자는 사회적인 차별이 극심하여 벼슬에 나아가는 데도 많은 제한이 있었다.

하지만 김장생은 그러한 차별을 잘못된 관습으로 여겼다. 그는 서자라 하더라도 정실부인이 낳은 적자(嫡子)와 다름없는 귀한 자식으로 여겼다. 그리하여 김장생은 슬하의 아홉 아들을 적서(嫡庶)에 관계없이 모든 이름을 목자(木字)가 들어간 외자로 지었다. 또 모든 아들의 자(字)에는 한결같이 '사(士)'자를 넣었다. 17세기 조선에서는 그처럼 서자나 적자를 동등하게 대하는 아버지가 드물었다.

아버지의 그런 뜻에 부합하는 아들이 김집이었다. 40여 년 동안 그는 아버지를 시봉하며 크고 작은 예법을 철저히 배웠다. 그래서였을까. 윗방의 아버지와 밥상을 따로 했지만 아랫방의 김집은 윗방에서 젓가락을 내려놓는 소리가 들리기 전에는 결코 밥상을 물리지 않았다.

예를 다하기는 아버지도 마찬가지였다. 예절을 모르고 사는 나와 같은 현대인으로서는 상상조차 못할 점도 있었다. 아들이 질문하면, 아버지는 병상에 누워 있다가도 몸을 일으켜 앉은 채로 대답했다. 아무리 가까운 아버지와 아들 사이라고 해도 예를 지켜야 한다는 것이 그들의 신념이었다.

인생의 파도, 시대의 격랑에 맞서

평화롭고 정겨운 연산서당의 풍경과 달리 김장생 부자의 삶은 불운의 연속이었다. 그것은 무엇보다도 16~17세기 조선의 파행적 정치 상황 탓이었다.

김장생은 본래 병약했다. 1558년(명종 13), 김장생은 열한 살에 어머니를 여의었다. 아버지 김계휘(金繼輝)는 명종의 외삼촌, 곧 윤원형 일파의 미움을 받아 시골로 쫓겨난 처지였다. 그래서 그는 할아버지 김호(金鎬)의 슬하에서 외롭게 자라야 했다.

청년 김장생은 뜻을 세워, 스승을 발견하고 학문에 정진했다. 그러나 세상사는 그의 편이 아니었다. 당파 싸움이 크게 일어나 그의 스승 이이(李珥), 성혼(成渾), 송익필(宋翼弼) 등이 서인의 우두머리로 낙인찍혔다. 동인들은 그들을 거세게 비판했다. 1586년(선조 19), 스승 송익필 일가는 혹심한 고난을 당했다. 일족 70명이 한꺼번에 노비의 신분으로 떨어졌다. 젊은 김장생은 스승 송익필에게 피신처를 제공하고 종신토록 봉양했다.

반대파는 이미 작고한 김장생의 아버지까지 탄핵했다. 그는 참혹한 정치현실에 좌절한 나머지 현실정치에 대한 희망을 잃었다. 이후 몇 차례 지방관으로 부임하기는 했다. 하지만 그것은 생계를 꾸리기 위한 방편일 뿐이었다.

설상가상으로 1592년에 임진왜란이 일어났다. 미처 난을 피하지 못한 김장생의 장남 김은(金隱) 내외와 손자가 모두 실종되었다. 한편 서제(庶弟) 김연손(金燕孫)은 왜적과 싸우다 전사했다. 김장생의 슬픔과 분노는 깊었다.

김장생 집안의 불운은 계속되었다. 둘째 아들 김집이 곁에 머물렀지만, 아들에게는 말 못할 고충이 있었다. 김집의 아내는 병이 심해 대소사를 조금도 돌보지 못했다. 후사도 남기지 못했다. 한참 세월이 흐른 뒤 그 아내가 세상을 떴다. 김장생은 이미 큰아들과 큰손자를 잃었기 때문에, 김집이 새장가를 들었으면 했다.

하지만 아들의 생각은 달랐다. "사람은 저마다 타고난 운명이 있을 것입니다. 저는 운수가 나빠, 첫 결혼에서 큰 곤욕을 치렀습니다. 다시 장가를 들더라도 전보다 나은 결혼생활을 하리라는 보장이 없습니다." 김집은 재혼을 거부하고, 앞서 첩으로 맞이한 이씨(이이의 서녀)와 해로할 생각이었다. 김장생은 아들 김집의 마음을 헤아렸다. 그들 부자는 적장손(嫡長孫)을 바라는 것조차 분에 넘치는 사욕(私慾)이라고 생각했다.

광해군 시절, 김장생 일가는 더 큰 위기를 맞았다. 1613년(광해군 5)의 계축옥사(癸丑獄事) 때였다. 집권층인 대북파는 일곱 명의 서자를 강도 혐의로 체포해서 고문을 가했다. 그들이 영창대군을 추대할 음모를 꾸몄다며 역모죄로 몰았다. 김장생의 서제 김경손(金慶孫)과 김평손(金平孫)도 이 사건에 연좌되어 옥중에서 죽었다. 김장생에게도 역모 혐의가 씌워졌다.

천신만고 끝에 김장생은 풀려났다. 그는 연산으로 내려갔다.

"(그는) 시골집에 숨어 살았다. 문을 닫아걸고 외부인의 방문을 사절하고, 오직 경서(經書)만을 쌓아두고 읽었다." (김집, 〈연보〉)

김집은 아버지의 곁을 지켰다. "그때는 천지가 암흑이었고, 인간의 윤리도 말살되었다. 선생(김집)은 세상에서 자취를 숨긴 채 어버이를 봉양하며 일생을 마치기로 결심했다." (송준길(宋浚吉), 〈시장(諡狀)〉)

뜻이 높아도 아무 일도 할 수 없는 처지

인조반정(1623)이 일어나서 서인이 재집권하자 사정은 조금 달라졌다. 1624년(인조 2), 이괄의 난이 일어나서 인조는 공주까지 피난길에 올랐다. 고령의 김장생은 나아가 인조를 뵈었다. 김장생의 나이 어언 75세, 아들 김집도 50세였다. 얼마 뒤 인조는 김장생 부자에게 관직을 내렸다. 김장생은 학자로서 고명했기에, 실권은 없지만 명예로운 자리에 등용되었다. 김집에게도 부여현감 자리가 주어졌다.

서울로 간 김장생은 이따금 시골의 아들에게 편지를 보냈다. 아버지는 실권도 없이 집권 세력에게서 은근히 따돌림을 받고 있었다. 아버지는 자신의 울적한 신세를 아들에게 털어놓았다.

조정에는 특별히 긴요한 일이 없다. (……) 요즈음 사대부들을 보면, 견고한 뜻은 없고 물러날 생각들만 한다. 반정을 일으킨 사람들끼리만 마음을 함께하니, 한 나라의 일을 과연 두서너 사람끼리 다 할 수 있는지 모르겠다.

이렇게 근심하면서도 아버지는 아들이 지방관 노릇을 잘하고 있다는 풍문을 듣고 기뻐했다. 편지 끝에서 "네가 고을을 잘 다스린다는 명성이 있으니, 기쁘다"라고 칭찬의 말을 적었다.

아들도 아버지와 같은 심정이었다. 서인이 재집권했다고 하지만, 세상은 반정공신들의 차지였다. 뜻이 높은 아버지나 자신은 세상의 '을'에 불과했다. 팔 걷고 나섰댔자, 아무 일도 마음대로 할 수 없는 처지였다. 1626년(인조 4) 2월 2일자 서한에서 김집은 아버지에게 이렇게 고백했다.

(제가) 서울 가는 일에 관해 말씀드립니다. (올라오라는) 혹자의 말에도 일리가 있지만, 제 생각은 그렇지 않습니다. (간다 해도) 지금 가는 것은, 임금을 위로하기 위해서일 뿐입니다. (……) 더구나 진언(進言)하는 도리는 자기 생각을 그대로 아뢰는 것뿐일 터입니다. (……) 형편을 보아서 진퇴를 결정하려고 합니다. 7

일이나 8일 사이에 그리 가서 (아버님을) 모시고 갈 예정이었습니다. 그런데 방백(方伯, 관찰사)의 회신이 아직 오지 않았고, 관청 사무 또한 너무 많습니다. 9일 전에는 이곳을 떠날 수 없을 듯합니다. (아버님) 말씀대로 여기서 하회를 기다리겠습니다. 혹시 중간에 상황이 달라지면, 다시 말씀드리겠습니다.

이름조차 직접 부르기 어려운 성덕군자

1627년(인조 5) 가을, 김집은 벼슬을 내려놓았다. 그 뒤 전라도 임피(군산)현령에 임명되었으나 금방 사직했고, 전라도사에 임명되었을 때는 부임조차 하지 않았다.

김장생 부자는 인조 초기부터 반정공신들과는 정치적 견해가 달랐다. 뿌리는 같은 서인이라도 사람들은 김장생 등 고매한 선비들을 '청서(淸西)'라고 불러, 공신 집단인 훈서(勳西)와 구별했다. 재야 세력의 대표였던 김장생은 인조와도 정면충돌했다. 1631년(인조 9), 인조는 자신의 생부 정원대원군을 추숭하려 했다. 이미 죽은 생부에게 왕호를 부여하려 했다는 말이다.

조선시대에는 그러한 사례가 없지 않았다. 사도세자를 후세에 장조(莊祖)라고 높여 부른 것도 그에 해당한다. 인조가 생부를 높이고자 한 데는 그의 효심도 있었겠지만, 정치적 계산도 어느 정도 작용했다. 생부의 권위를 높여 '반정', 즉 쿠데타로 집권한 자신의 허약한 정통성을 강화하고 싶었던 것이다. 인조를 도와 반정을 일으킨 공신들은 대부분 '추숭'에 찬성했다. 그들과 인조는 정치적으로 같은 배를 탄 운명이었기 때문이다. 1627년(인조 5)에 정원대원군은 원종(元宗)으로 추존되었다.

그러나 '예학'의 태두로 손꼽히던 김장생은 끝까지 반대했다. 왕의 생부를 높여 '대원군'이라 부르는 것으로 충분하다는 것이 김장생의 견해였다. 왕호까지 부여하는 것은 지나친 처사요, 학문적으로는 마땅한 근거를 발견하기 어렵다고 보았다. 인조는 김장생이 학문을 빌려 왕의 권위에 도전한다고 판단했다. 격노한 인조는 교서를 내려 김장생의 불충함을 꾸짖었다. 왕과 노학자의 대립은 최악의 상황으로 치달았다.

조정의 비난이 쏟아지는 가운데, 김장생은 1631년(인조 9) 8월 8일 운명했다. 향년 84세였다. 사람들은 김장생을 성덕군자(成德君子)라 불렀고, 학자들은 그의 이름을 차마 직접 부르지 못하고 그가 살던 지명을 따서 '사계선생(沙溪先生)'이라 부르며 우러렀다.

예학은 조선을 살릴 실천 학문

김장생은 17세기 예학의 우뚝한 사표였다. 《인조실록》에는 이렇게 실렸다. "(그는) 고금의 예설(禮說)을 취하여 뜻을 찾아내고 참작하여, 분명하게 해석하였다. 그리하여 변례(變禮), 곧 예법의 특수 사례에 직면한 사람들이 모두 그에게 질문하였다." 역사가들의 평가가 그러했다.

김장생의 문하에서 배운 사람은 많았다. 후세의 학자들 중에서 그의 영향을 받지 않은 사람이 거의 없었다. 그러나 김장생의 학문을 계승한 사람으로는 그의 아들 김집이 손꼽힌다. "가정의 가르침을 이어받아, 선생(김장생)의 뒤를 이은 유종(儒宗)이 되었다."(김집, 〈연보〉)

하필 왜 예학이었을까. 공자는 말했다. "(군자는) 시로 고무되어, 예로 일어난다(興於詩 立於禮)." 또한 공자는 인(仁)이란 개념을 '극기복례(克己復禮)'라고 풀이하기도 했다. 인(仁)을 실천하는 최선의 방법이 예란 뜻이다.

김장생도 그렇게 믿었다. 그래서 그는 당대의 정치, 사회문제의 해법을 예에서 찾았다. 그는 사적 이익에 눈이 먼 정상배들이 날뛰는 현실을 개탄했다. 그의 눈에 비친 대다수 선비들은 겉으로만 성현의 가르침을 따랐지, 일상의 예절조차 모르는 청맹과니였다. 그런 주제에 이기론(理氣論) 등 형이상학에 매달려 민생을 외면했다. 이런 현실에 김장생은 분노했다. 게다가 임진왜란과 병자호란을 겪은 뒤라 사회의 혼란과 갈등은 더욱 고조되었다. 크고 작은 범죄가 만연하는 가운데 유교 본연의 가르침이 존립의 위기에 빠졌다. 김장생이 예(禮)의 이해와 실천을 자신의 소명으로 삼은 까닭이다.

도탄에 빠진 조선 사회를 구하기 위해 그는 실천 학문으로서 예학에 주목했다. "예가 다스려지면 국가가 다스려지고, 예가 문란해지면 국가가 혼란해진다." 김장생의 이런 뜻에 공감하는 선비들이 빠르게 늘어났다. 17세기 후반, 예학은 조선 성리학의 주류로 급속히 성장했다.

김장생이 지은 예학 서적은 필독서가 되었다. 《상례비요(喪禮備要)》를 비롯하여 《가례집람(家禮輯覽)》, 《의례문해(疑禮問解)》, 《전례문답(典禮問答)》도 선비들의 애독서였다.

일찍부터 김집은 아버지를 도와 예학 서적을 편찬했다. 《의례문해》의 편찬에는 아들의 헌신이 결정적이었다. 《상례비요》 역시 미진한 부분이 많아, 김집의 손길을 필요로 했다. 예학을 본격적으로 연구한 사람이 김장생이라면, 그 완성도를 높인 사람은 김집이었다.

예학이라면 형식에 얽매인 케케묵은 학문이라고 지레짐작하기 쉽다. 하지만 김장생의 예학은 그런 것이 아니라 실천의 학문이었다. 김장생의 예학에는 두 가지 특징이 있었다.

첫째, 예는 시공간의 변화에 따라 얼마든지 바뀔 수 있다는 통찰이다. 상황에 따라 예가 달라질 수 있다는 그의 견해는 새로운 것이었다. 둘째, 형식적인 예보다 더 중요한 것이 마음가짐이라고 주장했다.

예학의 본질에서 멀어진 예송논쟁

그러나 안타깝게도 당초 김장생 부자의 실천적 예학은 곧 퇴락했다. 현종 때 두 차례의 예송(禮訟)논쟁을 겪고 나서 예학은 정쟁의 날카로운 도구로 변질되었다. 이해를 돕기 위해 1차 예송만이라도 간단히 알아보자.

이 문제는 효종의 죽음에서 비롯되었다. 효종은 인조의 적장자가 아니라 차자였다. 효종이 세상을 떴을 때, 효종의 계모인 조대비(趙大妃, 인조의 계비 장렬왕후)가 아직 생존해 있었다. 조대비가 죽은 효종을 위해 어떤 상복을 입어야 하는지가 조정의 현안으로 떠올랐다. 성리학 예론에 따르면 죽은 자식이 적장자인 경우에는 삼년상을, 차자일 경우에는 일년상을 입어야 했다. 주자를 정통으로 내세우는 노론의 송시열 등 김장생의 제자들은 효종은 인조의 둘째 아들이므로 조대비가 일년상을 입어야 한다고 주장했다.

그러나 국왕의 권위를 앞세우는 남인 학자들, 특히 윤휴와 허목 등은 삼년상을 고집했다. 그들은 '왕자예부동사서(王者禮不同士庶)'라며, 왕실의 예법은 관리와 평민의 경우와는 다르다고 주장했다. 예를 둘러싼 논쟁이 치열해졌다. 이미 논쟁의 승패는 학술적 진리를 가름하는 차원을 벗어났다. 정권을 잡기 위한 세력 다툼으로 변질되었다. 이 예송은 현종이 노론의 손을 들어줌으로써 일단 마무리되었다.

1674년(현종 15)에 2차 예송이 발생했다. 이번 예송논쟁에서는 남인이 이김으로써 정권의 향배가 다시 정해졌다. 상복을 정하는 문제가 정치적 갈등으로 비화되었다는 사실은, 예학이 현실적으로 극히 민감한 학문으로 변했다는 뜻이다. 이것은 결코 김장생의 본의가 아니었다.

예법을 지나치게 중시하는 조정의 태도는 민간에도 영향을 주었다. 많은 사람들은 예의 본질을 이해하려고 노력하기보다는 번거로운 절차와 성대한 규모를 과시하는 데 익숙해졌다. 성호 이익 같은 실학자들로서는 도저히 용인하지 못할 허례허식이 한 시대의 풍습으로 자리 잡게 되었다. 이래저래 예학은 김장생 부자의 본의에서 까마득히 멀어졌다.

이 무례한 세상에서 예를 생각하니

후세는 김장생과 김집의 학문적 공적을 인정하여 그들의 신주를 성균관의 문묘(文廟)에 모셨다. 그들 부자는 공자, 맹자, 주자와 더불어 유교의 성현(聖賢)으로 인정받은 것이다. 사실 김장생 부자의 예학에는 특별한 점이 있었다. 왕과 관리 또는 평민을 막론하고 누구나 보편적인 예법의 적용을 받는다는 입장이었다. 이를 간단히 '천하동례(天下同禮)'라고 했다. 이로써 김장생 부자는 당대의 사회적 갈등을 해결하고, '여민(與民)', 곧 백성과 함께한다는 유교의 이상에 한걸음 다가갔다고 볼 수 있다.

문묘에 모신 여러 성현 가운데 '동국18현'이 있다. 설총, 최치원, 안유, 정몽주, 김굉필, 정여창, 조광조, 이언적, 이황, 김인후, 이이, 성혼, 김장생, 조헌, 김집, 송시열, 송준길, 박세채다. 그들 가운데 부자가 배향된 경우는 김장생, 김집 부자가 유일하다.

오늘날 인사청문회 때마다 시민들은 사회 고위층의 도덕적 불감증과 각종 비리에 고개를 가로젓는다. 뿐만이 아니다. 특권의식에 사로잡힌 나머지 국민을 '개, 돼지'라고 모욕한 고위 공직자도 나오는 형편이다. 불법적이고 초법적인 그릇된 사고가 우리 사회에 팽배해 있다. 일찍이 김장생 부자가 갈파한 '천하동례'의 그림자조차 오늘날에는 다시 찾아보기 어렵다. 예를 너무 중시하여 많은 폐단을 낳은 과거의 역사도 문제라지만, 무례의 극치를 보는 것 같아 마음이 씁쓸해진다.

더 읽을 거리

김장생, 《(국역) 사계 김장생 전서》 1~9권, 한국학술정보, 2006.

장세호, 《사계 김장생의 예학사상》, 경인문화사, 2006.

한국문중문화연구원 편, 《사계 신독재의 유학 사상》, 누마루, 2011.

황의동, 《기호유학 연구》, 서광사, 2009.

08

천재 예술가

김정희

위로와 사랑이 가득 담긴 편지를
쓰고 또 쓰다

●

완당(阮堂) 김정희(金正喜, 1786~1856)는 우리에게 친근한 이름이다. 제자 허련(許鍊)이 남긴 초상화를 보면 풍채도 빼어난 걸물이었다. 추사체(秋史體)라는 독특한 서법으로 후세의 칭송을 받는 김정희는 과연 어떤 아버지였을까. 아내에게는 또 어떤 남편으로 기억되었을까. 두 번씩이나 유배의 길을 떠나야 했던 그의 범상치 않은 삶 속으로 들어가보자.

김정희에게는 우아(佑兒)라 불리는 아들이 있었다. 서자였다. 김상우(金商佑)는 김정희가 서른두 살 때 기생첩 초생이 낳은 아들이었다. 전설처럼 전해지는 이야기에 따르면, 초생은 남장을 하고서는 김정희의 경저(京邸, 서울 집) 월성궁(月城宮)에 몰래 들어와 첩이 되었다고 한다. 그녀에 대한 김정희의 사랑이 그렇게 깊었다. 서자 상우에 대한 아버지 김정희의 마음에도 늘 애틋함이 있었다.

서자라는 신분에 가로막혀 김상우는 출세도 할 수 없었고, 버젓한 이름 석 자를 남기지도 못했다. 그럼에도 오늘날 충청남도 예산에 있는 김정희 고택에는 아들 김상우의 자취가 역력하다. '石年(석년)'이라 쓰인 돌기둥이다. 해시계를 올려놓았던 그 돌기둥 아래쪽에 김상우라는 이름 석 자가 깊이 새겨져 있다. 부자의 깊은 사랑은 시간을 초월해서 지금도 우리 앞에 서 있는 것이다.

서자 아들에 대한 애틋한 마음

양반 아버지는 서자 상우에게 비법을 전수하고자 했다. 자신이 평생을 바쳐 터득한 난초 치기와 서법의 요체를 알려주었다. 그것이 한낱 기예였다는 것은 오해다. 아버지는 '문자향(文字香)'과 '서권기(書卷氣)'를 아들에게 주문했다. 현대인의 눈으로 보면 그들 삶은 예술에 바쳐졌다. 하지만 그들 부자의 예술은 학문적 단련이라는 바탕 없이는 이루어지지 못했을 것이다. 오늘날의 예술과는 입각점이 달랐다.

김정희는 윤상도(尹尚度)의 옥사에 연루되어 제주도에 유배 가 있던 시절(1840~1848), 아들에게 난초 그림의 근본을 가르쳤다. 서신을 통해서였다. 《완당전집》 2권에 보이는 〈우아에게 주다(與佑兒)〉가 그것인데, 아버지는 그 서두를 이렇게 놓았다.

"난(蘭)을 치는 법은 예서(隷書)를 쓰는 법과 가까우니라. 반드시 문자(文字)의 향기와 서권(書卷)의 정취가 있은 다음에야 제대로 되는 것이다." 독서와 학문이 부족하면 그림에든 글씨에든 선비의 기상을 담을 수 없다는 말이다.

"난을 치는 법은 그림 그리는 식으로 하면 절대 안 된다. 그림 그리듯이 난을 치려거든 아예 손도 대지 마라." 난초는 정물화가 아니라는 뜻이다.

"조희룡(趙熙龍) 등은 나에게 난 치는 법을 배웠다고 하지만, 끝내 그림 그리는 방식에 머물렀다. 그의 가슴속에 문자의 향기가 없어서 그렇게 되고 말았다." 난을 치는 행위는 학식 없는 화가의 일이 아니요, 선비의 인품과 절개를 종이 위에 옮기는 일이라고 언명한 것이다.

김정희는 또 다른 편지에서도, "난은 화도(畵道)에 있어 특별히 한 격을 갖춘 것. 가슴속에 서권기(書卷氣)를 지녀야만 붓을 댈 수 있다"라고 강조했다.

19세기 조선에서는 난초의 화법을 둘러싼 미학적 논쟁이 격렬했다. 김정희는 한때 제자였던 유명 화가 조희룡이 난초 그림을 정물화로 접근하는 것을 반대했다. 아들 상우는 아버지의 뜻에 따라 사의적(寫意的) 추상화로서 난 치기를 배웠다.

추상화라지만 거기에도 기법은 있다. 아버지는 그 점을 이렇게 일렀다.

모름지기 난을 치는 묘리를 터득해야만 한다. 반드시 붓을 세 번 굴리는(三轉) 방식을 지켜야 한다. 그런데 네가 그려서 보낸 난초를 살펴보니, 붓을 한 번에 죽 긋고는 말았구나. 붓을 세 번 굴리는 방법을 깊이 연구하여라. 요즘 난을 좀 친다고 하는 이들 가운데는 세 번 굴리는 묘법을 아는 이가 없다. 그들은 제멋대로 먹칠을 하고 있다!

김정희의 삼전법은 아들 김상우와 집안 조카인 석파(石坡) 이하응(李昰應, 흥선대원군)을 통해 후세로 이어졌다. 이하응은 김상우보다 세 살 아래였다. 그는 김정희의 이종사촌인 남연군의 아들이었다. 1853년(철종 4) 정월, 김정희는 당년 33세의 조카 이하응에게 난초화의 요령을 이렇게 가르쳤다.

(난을 치는 것은) 한낱 작은 기예에 지나지 않소. 그러나 전력을 기울여 공부한다는 점에서 성인(聖人)의 격물치지 공부와 다를 것이 없소. (……) 이렇게 접근하지 않으면 상스러운 서화가나

마귀 신세를 벗어나지 못하오. '가슴속의 책 5천 권'이니 '팔 아래 금강(金剛)'과 같은 문자는 모두 여기서 비롯된 말이라오." (〈석파(石坡)에게〉, 《완당전집》 권2)

아들과 조카는 김정희의 미학에 생명을 불어넣었다. 사제전승(師弟傳承)이 아름다웠다.

서예의 네 가지 비법

김정희의 또 다른 장기는 서예였다. 그는 자신의 평생공부를 아들 상우에게 전수할 요량이었다. 생각 끝에 그는 편지를 보내 아들을 격려했다(〈우아에게 편지를 쓰다(書示佑兒)〉). 아버지의 가르침은 서너 가지로 간추려진다.

첫째, 송나라의 명필 구양순(歐陽詢)의 서법을 온전히 익히라는 것이다. "서법은 예천명(醴泉銘, 당나라의 재상 위징이 짓고, 나중에 구양순이 쓴 비문)이 아니면 시작도 할 수 없느니라." 서법에 관해서는 이미 많은 참고서가 있으나, 글씨의 원본을 정밀하게 관찰해서 이치를 체득해야 한다고 했다.

"예천의 탑본이 남아 있다. 그것이 비록 오랜 세월에 낡고 부스러졌다 하지만 (……) 어찌 이것을 저버리고 다른 것을 구할 수 있겠느냐."

둘째, 아버지는 끝없는 노력의 중요성을 강조했다. 김상우는 글씨 공부가 제대로 진도를 나가지 못하자 깊은 절망에 빠졌다. 그는 그런 마음을 적어 유배지의 아버지에게 하소연했다. 아들의 마음을 읽은 아버지는 위로의 편지를 보냈다. 결국 아버지의 편지는 아들을 낙망의 구렁텅이에서 구출했다. 그것이 사랑의 힘이다.

네가 편지에서 고백한 말, "겨우 두어 글자를 쓰면 글자 글자가 따로 놀아, 결국은 귀일(歸一)되지 않습니다"라고 말한 깨침이 귀하다. 네가 (서법의) 문에 들어갈 수 있는 진경(進境)이 거기서 시작되느니라. 잠심(潛心)하고 힘써야 한다. 괴로움을 참고 이 한 관문을 넘어서야 통쾌한 깨달음에 도달하게 될 것이다. 이 깨침을 이루기가 지극히 어렵더라도 절대로 물러나지 마라. (……) 나는 지금 육십을 바라보는 나이지만 아직도 귀일됨을 찾지 못하였다. 너와 같은 초학자야 말해 무엇하랴. 너의 그 한탄소리를 들으니 나는 도리어 기쁘구나. 장래에 있을 너의 성공이 그 한마디에서 시작되리라.

셋째, 아버지는 예서체의 중요성을 일깨우기도 했다. "예서(隸

書)는 모든 서법의 조상이다." 이렇게 말하면서 아버지는 한나라
때 성행했던 예서의 묘미가 고졸(古拙, 기교는 없으나 예스럽고 소박한
맛)함에 있다고 말했다. 사실 김정희의 예산 본가에는 훌륭한 서
첩이 많았다. 그중에서도 《서협송(西狹頌)》 같은 책자를 눈여겨보
면 서법의 정수를 익힐 수 있다는 것이 아버지의 믿음이었다.

넷째, 조선 최고의 서예가 김정희에게 기예는 오히려 사소한
것이었다. 성공의 관건은 선비로서의 충실한 학식과 인격이라
고 여겨, 아버지는 그림에서든 글씨에서든 그 점을 늘 강조했다.
"예서의 서법은 가슴속에 청고고아(淸高古雅)한 뜻이 없으면 손에
서 나올 수 없다. 또 그것은 가슴속에 문자향과 서권기가 없다
면 완하(腕下, 팔꿈치)와 지두(指頭, 손가락 끝)에서 표현되지 못하느니
라."

아버지가 아들에게 평생의 위업을 전수하는 데 편지로 족할
까? 아들 상우는 바다를 건너 아버지를 찾아갔다. 그는 아버지
곁에 머물며 한동안 지도를 받았다. 김정희가 막역한 친구 초의
선사(草衣禪師)에게 보낸 편지로 짐작되는 사실이다.

김정희는 친구에게 이렇게 말했다. "가아(家兒, 즉 김상우)가 멀리
바다를 건너와서 내게 약간의 위안이 되었다오. 그런데 지금 되
돌아가게 되었소. 아이가 보서(寶棲, 초의선사)를 찾아가고 싶어하
오. 한번쯤 웃으며 서로 만나기를 바랍니다."

8년 만에 제주도 유배에서 풀려난 김정희는 또다시 서너 해

만에 함경도 북청으로 유배를 떠나는 신세가 되었다(1851~1853). 그러자 아들 상우는 북청으로 달려갔다. 그들 부자는 스승과 제자요, 서로를 누구보다 깊이 이해하는 친구였으리라.

글 읽기를 중지하지 마라

김정희에게는 또 다른 아들이 있었다. 제주 유배 시절에 맞은 양자였다. 이름은 김상무(金商懋)라고 했다. 양자는 서자인 친아들보다 두 살 아래였다. 김정희는 집안 여론을 무시하지 못했다. 대대로 이어온 명망 있는 가문의 전통을 더욱 빛내려면 적통(嫡統)을 이을 양자가 꼭 있어야만 했다.

김정희는 양자 상무에게도 여러 차례 편지를 썼다. 그런데 그 기조가 사뭇 달랐다. "우리 가문에 전해오는 규범은, '올곧은 도로써 행하는 것(直道以行)'이다." 아버지는 무엇보다도 집안의 전통을 강조해서 말했다.

상무에게 보낸 편지에서 김정희는 입신양명을 위해 과거 공부를 할 것을 주문했다. 다음은 북청의 유배지에서 보낸 편지의 일절이다.

등잔불 아래 일과로 글 읽는 것은 중지하지 않았느냐? 늙은 나는 잠이 없다. 너희들의 글 읽는 소리가 어슴푸레 귓가에 늘 들리는 듯하니, 이 마음이 참으로 괴롭다.

양자 상무에게 과거 공부를 당부하던 그때도 서자 상우는 김정희 곁에 있었다. "우(佑, 상우)는 아직 별로 아픈 데 없이 지낸다." 아버지의 이 짤막한 말이 인상적이다. 사실 김정희는 양자와 서자, 양자에게서 얻은 손자들도 빠짐없이 챙기고 아꼈다. 하지만 서자 상우에 대한 애잔한 부정은 유독 각별했다.

아내에게 투정도 부리고 세심하게 챙기기도 하고

김정희는 자신의 속내를 좀체 숨기지 못하는 사람이었다. 당대의 성리학자들이 감정의 동요를 위장하는 데 익숙했던 것과는 완전히 달랐다. 김정희는 현대적 감각의 소유자였다. 아내를 대할 때도 여느 선비와 달리 솔직했다.

지난번 가는 도중에 보낸 편지는 받아보셨지요 (……) 그사이 인편이 있었는데도 답장을 못 받았습니다. 부끄러워 아니 하셨던가요. 나는 마음이 몹시 섭섭했다오.

아내로부터 답장이 없어서 섭섭한 마음이지만 또 편지를 쓴다는 뜻이다. 이번에는 부디 답장을 빨리 해주었으면 좋겠다는 바람이 행간에 숨어 있다. 마치 연애편지와도 같다. 이것은 김정희가 재혼한 지 10년째 되는 아내 예안 이씨에게 보낸 것이었다. 김정희는 젊어서 첫 부인과 사별한 후 재혼했다.

김정희가 남긴 한글 편지는 무려 40통이나 된다. 38통은 아내 예안 이씨에게 보낸 것이다. 나머지 2통은 며느리에게 보내는 편지였다. 편지를 쓸 때 김정희의 나이는 30대부터 50대까지였다. 발신지는 서울, 예산, 대구, 평양, 제주도로 바뀌었지만, 그의 형편상 유배지 제주도에서 보낸 편지가 제일 많다.

편지를 읽어보면 김정희가 아내에게 투정을 부린 사실이 눈에 띈다. 아들에게 보낸 편지에도 더러 그런 적이 있었지만, 아내에게 보낸 편지에서는 유독 자신의 잔병을 늘어놓을 때가 많았다. 요즘 말로 눈곱이 자주 끼었고, 구내염 증상이 잦았다. 부잣집에서 태어나 호사스럽게 살았던 김정희인지라, 그는 유배지의 거친 음식과 볼품없는 의복에 대해서도 유달리 군말이 많았다. 체통을 중시하는 양반이라면 꺼내지 못할 볼멘소리를 자주 했다.

"보내준 인절미는 모두 쉬어버렸습니다."
"장아찌는 그런대로 먹을 만하나, 무장아찌는 또 맛이 변했습니다."

"민어를 연하고 무름한 것으로 가려서 사 보내주시오."

"어란(魚卵)도 거기서 먹을 만한 것을 구하여 보내주시오."

"좋은 곶감이 거기서는 구하기 쉬울 듯하니, 배편에 4~5접을 보내주시오."

후세가 인정하는 대학자 김정희가 아내에게 보낸 편지에는 이런 구절이 자주 등장한다. 그는 성질도 조급해서 아내의 소식이 늦어지면 발을 동동 굴렀다. 예순에 가까운 이 영감님을 우리는 체통도 모르는 사람이라고 혹평해야 할까. 아내는 이런 남편을 철부지, 아니 귀여운 도련님으로 여긴 것 같다.

다른 한편으로 김정희는 너무도 친절하고 세심한 남편이었다. "여름이라 참외가 맛있을 테니 자시기 바라오." 아내를 아끼는 남편의 마음이 느껴진다.

또 이런 구절도 보인다. "매양 잘 지내노라 하시나 말씀이 미덥지 아니하여, 염려가 무궁하옵니다. 부디 당신 한 몸으로만 알지 마옵고, 2천 리 해외에 있는 나를 생각해서라도 섭생을 잘하시기 바라옵니다." 당년 56세의 김정희가 예안 이씨에게 보낸 편지였다.

젊은 시절, 김정희는 아내의 속을 썩인 적이 있었다. 평안감사 시절(44세)에 김정희는 평양 기생 죽향에게 마음을 빼앗겼다. 죽향은 난초와 대나무를 잘 그렸다. 결국 염문이 나돌아 본가까지 전해지자 아내가 편지로 항의했다. 김정희는 시치미를 뗐다. "사람들이 주고받는 소문을 믿지 마오. 부디 내 말을 믿어주오."

그는 곧 죽향과의 관계를 정리했다고 한다. 그러나 앞서 서울에서 벼슬살이 할 때는 기생첩을 두어 서자를 낳기도 했으니, 이미 전과가 있던 그였다. 그러나 8년간의 제주 유배 시절에는 첩을 두지 않았다. 김정희는 나이가 들어갈수록 아내를 더욱 사랑하게 된 것이었다.

그는 남편의 권위 같은 것을 부린 적도 없었다. 아내는 늘 병약했으나, 김정희는 그런 아내를 염려하고 그리워했다. 그러나 아내는 멀리 귀양 간 남편을 다시 보지도 못하고 세상을 떴다. 김정희는 뒤늦게야 부음을 받았다(1842년 11월 13일).

부인이 먼저 세상을 뜨고 말았소. 먼저 죽는 것이 무에 유쾌하고 만족스러운 일이라고, 나로 하여금 두 눈 빤히 뜨고 홀로 살게 한단 말이오. 푸른 바다도 같고 먼 하늘도 같은 원한이 끝도 없습니다. (〈부인예안이씨애서문(夫人禮安李氏哀逝文)〉)

"좋은 반찬은 두부 오이 생강나물이오"

71세를 일기로 김정희가 작고하자 세평은 이러했다.

젊어서부터 영특한 이름을 드날렸다. 그러나 중간에 가화(家禍)를 만나 남쪽으로 귀양 가고 북쪽으로 유배 가서 갖은 풍상에 시달렸다. 세상에 쓰이기도 하였지만 버림을 받기도 하였다. (……) 세상 사람들은 그를 송나라의 시인 소동파와 같다고 말한다. (《철종실록》, 철종 7년 10월 10일)

김정희가 정치적 풍파에서 벗어난 것은 60대 후반이었다. 말년의 그는 경기도 과천의 과지초당(瓜地草堂)에 머물렀다. 그곳에서 세상을 떠나기 불과 2개월 전, 김정희는 의미심장한 대련(對聯) 한 구절을 세상에 남겼다. 지인 행농(杏農) 유기환(兪麒煥)을 위해 썼다고 하는데, 실은 후세를 위한 천재 예술가의 마지막 선물이었다.

좋은 반찬은 두부 오이 생강나물이오(大烹豆腐瓜薑菜).
훌륭한 모임은 부부와 아들딸 손자면 족하다(高會夫妻兒女孫).

이 대련에 김정희는 몇 줄의 설명을 붙였다. "이것이 시골 늙은이의 가장 큰 즐거움이다. 비록 허리에 커다란 황금인(黃金印)을 차고, 음식상을 한길 높이로 차리더라도 (……) 이 맛을 즐길 수 있는 이는 과연 몇이나 될까."

조선 최고의 양반 집안에서 태어나 이조판서에 오르는 등 한 때 부귀영화를 누렸으나, 정쟁(政爭)의 소용돌이에 휘말려 파란만장한 삶을 견뎌야 했던 김정희. 그의 마지막 한마디를 우리는 어떻게 해석해야 할까.

인생의 행복은 외면의 성취에 있지 않다는 말이다. 평범한 일상생활의 의미를 깨치는 사람만이 행복을 누릴 자격이 있다는 것이다. 가족과의 소박한 일상이 있다면 그것으로 이미 족하다.

더 읽을 거리

강희진, 《추사 김정희: 삼백 개의 이름으로 삶과 마주한》, 명문당, 2015.

김정희, 최완수 옮김, 《추사집》, 현암사, 2014.

박철상, 《세한도: 천 년의 믿음 그림으로 태어나다》, 문학동네, 2010.

유홍준, 《완당 평전: 일세를 풍미하는 완당바람》, 학고재, 2002.

거룩한 영웅 이순신

유달리
깊고 큰 사랑

●

이순신(李舜臣, 1545~1598)의 인기는 지금도 여전하다. 몇 해 전에는 〈명량〉(2014)이라는 영화가 인기를 끌었다. 소설 《칼의 노래》(김훈, 2001)와 드라마 〈불멸의 이순신〉(2004~2005)도 연달아 대중의 마음을 사로잡았다. 우리나라 사람들의 이순신 사랑은 아마 앞으로도 끝이 없을 것이다.

우선 그는 누란의 위기에서 나라를 구했기 때문이다. 그의 비장한 최후 역시 감동적이다. 게다가 《난중일기(亂中日記)》라는 자필 일기를 통해 이순신은 자신의 내면을 솔직하게 고백했다. 《난중일기》를 읽으면 읽을수록 그의 인간적 매력에 빠져든다.

《난중일기》를 통해 남편이자 아버지, 즉 가장으로서 이순신의 모습을 그려보려고 한다. '성웅 이순신'이라는 아이콘에 가려 그의 참모습은 쉽게 드러나지 않지만, 먼저 그의 영웅담을 살펴보면서 꼬인 매듭을 하나씩 풀어가도록 하자.

"공은 몸집이 크고, 용맹이 뛰어났으며, 수염이 붉고, 담력이 큰 분이셨다." 17세기의 대학자 백호(白湖) 윤휴(尹鑴)의 증언이다. 그만큼 이순신을 속속들이 잘 알았던 사람도 없다. 윤휴의 서모는 이순신의 서녀였다. 말하자면 윤휴는 이순신의 손자뻘이었던 셈이다. 구국의 명장 이순신을 존경했던 윤휴는 관계 문헌을 샅샅이 수집했고, 이순신을 모셨던 여러 하인과 측근들을 만나서 궁금증을 풀었다. 그리고 그 결과를 정리해서 《통제사이충무공유사(統制使李忠武公遺事)》를 집필했다.

이순신의 공적은 무엇이었을까? "적이 우리나라에 쳐들어와 처음에는 승승장구하며 진격했다. 그러나 우리 수군에게 거듭 패전을 면치 못했다."

이순신의 수군 때문에 왜군의 병참선은 무너졌다. 또 왜군이 계획했던 수륙양면 작전도 물거품이 되어, 한반도 정복의 야욕이 꺾였다. 게다가 조선은 이순신 덕분에 호남 지방을 온전히 보호함으로써 장기전을 펼 수 있게 되었다.

침략의 원흉 도요토미 히데요시(豊臣秀吉)는 이를 분하게 여겼다. 그는 고니시 유키나가(小西行長)에게 조선 수군을 궤멸시키라고 명령했다. 그러자 고니시는 요시라(要矢羅)라는 첩자를 보내 조선 조정을 속였다. 우매한 조정의 처사로 이순신은 통제사의 자리에서 쫓겨났고, 목숨까지 잃을 뻔했다.

최고의 경영자였던 변방의 장수

1592년부터 1598년까지 7년의 임진왜란 동안 이순신은 나라를 지키기 위해 노심초사했다.

상으로 받은 물건들도 그는 휘하 장수들에게 모두 주었다. 사사로이 차지한 것이라곤 없었다. 또 백성들을 어루만져 편안하게 했다. 부하들에게 농사를 가르쳐 식량을 저축하고, 어업과 소금 제조에 힘써 진중의 생계를 꾸렸다. 덕분에 군량이 넉넉하여 끊어진 적이 없었다. 남도의 백성들도 이것으로 먹고산 이가 수만 집이었다. (윤휴,《통제사이충무공유사》)

이순신은 변방의 장수였으나 최고의 통치자이자 경영자였다. 그를 시기한 원균(元均)이 "백성들이 이순신을 '해왕(海王)'이라고 부릅니다"라고 조정에 고자질한 것은 음해로만 볼 일이 아니다. 백성들의 입장에서는 이순신만큼 믿고 의지할 지도자가 없었다.
이순신은 젊어서부터 웅대한 뜻을 품었다. "장부가 세상에 태어나 벼슬에 나간다면 몸 바쳐 일할 것이요, 등용되지 못한다면 초야에서 농사짓고 살면 된다. 권세가에게 아부하여 부귀를 훔치는 일을 나는 몹시 부끄럽게 여기노라."

이순신의 태도는 늘 그러하였다. 자존감이 누구보다 강했던 그는 남에게 인정을 받기 위해 부러 나긋나긋하게 구는 법이 없었다. 자신을 단속하는 풍도가 늠름했고, 다른 사람을 추종하지도 않았다. 그리하여 그의 벼슬길은 유독 험난했다.

다행히 조정에는 이순신이 큰 그릇임을 알아본 재상들이 몇명 있었다. "유서애(柳西厓, 유성룡), 이완평(李完平, 이원익), 정상국(鄭相國, 정탁), 경림(慶林, 경림부원군 김명원), 오성(鰲城, 오성부원군 이항복) 등이 그를 전후좌우에서 발탁하고 지지해주었다. 그리하여 못난 사람들의 천대와 비웃음에 꺾이지 않고, 마침내 대업을 성취할 수 있었다." (윤휴, 《통제사이충무공유사》) 비록 소수이나마 그를 후원한 재상들이 있었기에 이순신은 좌절하지 않았던 것이다.

그러나 이순신을 제대로 알아본 것은 백성들이었다. 사후에도 그의 인기는 생전에 그가 활동한 서남해안 일대에서 사라지지 않았다. 백성들은 힘을 모아 사당을 세우고 철마다 그에게 제사를 지냈다. 장사꾼, 군인, 백성 할 것 없이 사당을 지나는 사람들은 누구나 한 잔 술을 바쳤다. 백성들은 큰 돌을 다듬어 지금의 전라남도 여수에 '이장군타루지비(李將軍墮淚之碑)'를 세워 기념하기도 했다.

이수광의 《지봉유설(芝峰類說)》에는 더욱 기막힌 이야기가 전한다. 순천의 옥형(玉洞)이란 노스님이 승병으로 이순신을 모시고 왜적과 싸웠다. 이순신이 죽자 그는 충민사(忠愍祠, 전라남도 여수시 소재)에 눌러앉아 평생 동안 제사를 모셨다. 옥형 스님은 바다에 변고가 일어날 때마다 이순신이 미리 꿈에 나타난다고 증언했다. 남도 백성들에게 이순신은 '바다의 신'이 되었던 것이다.

탁월한 문장가이자 예리한 지식인

이순신은 탁월한 문장가였다. 18세기 북학파의 이름난 학자 이덕무는 그를 조선의 명문장가라고 했다. 과연 임진왜란에 참전한 수백 명의 장수들 가운데서도 《난중일기》와 같은 기록물을 남긴 이는 이순신이 유일하다. 오늘날 《난중일기》는 국보 제76호이자 세계기록문화유산이기도 하다. 그 《난중일기》를 살펴보면, 고뇌하는 이순신의 모습이 도처에 역력하다.

혼자 다락 위에 기대 앉아 나라의 형편을 생각하니 아침 이슬처럼 위태롭기만 하다. 그러나 안으로는 정책을 결정할 인재가 없고, 밖으로 나라를 바로잡을 주춧돌 같은 인물이 없다. 사직이 장차 어찌 될는지 모르겠다. (《난중일기》, 1595년 7월 1일)

이순신은 그저 용맹스럽기만 한 무사가 아니었다. 그는 예리한 판단력의 소유자요, 비판적 지식인이었다. 명망과 학식이 높다는 조정 대신들도 그의 눈에는 범부에 불과할 때가 대부분이었다. 나랏일을 생각할 때마다 이순신은 우울하고 고독했다.

> 촛불을 밝히고 홀로 앉아 나라 일을 생각하니, 나도 몰래 눈물이 흘렀다. (《난중일기》, 1595년 1월 1일)

전쟁을 치르는 동안 그는 내내 몸이 불편했다. 불면에 시달리는 밤도 많았다. 그가 마음을 기댈 곳은 별로 없었다.

그에게도 든든한 후원자가 몇 명 있기는 했다. 그러나 국왕 선조와 여러 대신들은 그를 '사특'하다, '교활'하다, '게으르다'며 미워했다. 그런 사실을 알고 있던 터라, 홀로 깊은 외로움에 젖을 때가 많았다.

그는 가족이 그리웠다. '온갖 회포에 빠진' 그는 장계(보고서)를 가지고 올라가는 이경복에게 '경의 어미'에게 들러 노자를 전해 주라고 부탁할 정도였다. 그는 그 여인이 그리웠다.

> 몸이 몹시 불편하여 홀로 봉창 아래 앉아 있었다. 온갖 회포가 다 일어난다. 이경복에게 장계를 지니고 가라고 보냈다. 경(庚)의 어미에게 줄 노자를 문서에 넣어 보냈다. (《난중일기》, 1593년 8월 13일)

영웅의 사생활

경의 어미, 즉 해주 오씨는 이순신의 첩이었다. 경은 이순신이 정읍현감을 지낼 때 낳은 서자 훈(薰)의 아명이었다. 경이네는 부안에 살았다.

1593년(선조 26) 가을, 경의 어미, 곧 부안댁은 노자를 전해 받고 이순신에게로 갔다. 한동안 그들은 함께 지냈고, 그러는 사이 아이가 또 생겼다. 얼마 후 그녀는 부안으로 되돌아갔다. "꿈에 아들을 얻었다. 경의 어미가 아들을 낳을 징조다"라고 쓴 것은 그 때문이었다.

그 뒤로도 이순신은 그녀와 계속 소식을 주고받았다. "경이 어미가 보낸 편지 가운데 사정을 말하기가 매우 괴롭다 했고, 또 도둑이 일어났다고 했다." 이순신이 적탄에 숨지기 1년쯤 전의 기록이다. 이순신은 부안댁에게서 2남 2녀를 두었다. 2남은 곧 훈과 신(藎)으로 무과에 합격했는데, 이괄의 난과 정묘호란 때 모두 전사했다.

이순신이 하필 부안댁을 진중으로 부른 까닭은 무엇인가. 아산에 두고 온 본댁, 즉 상주 방씨가 함부로 움직일 수 없어서였다. 방씨는 사당과 묘소를 비롯한 집안 살림을 돌보느라 바빴다. 게다가 쉰을 바라보는 나이였다.

"이순신은 여색을 멀리했다." 윤휴의 평가는 이러했다. 당시 기준으로는 아마 그랬을 것이다. 한산도의 통제영이나 여수의 좌수영에는 따로 이순신의 첩이 없었다. 다른 장수들은 진중으로 아내를 불러들이거나 첩과 살림을 차렸다. 심한 경우에는 군함에도 몰래 여성을 태우고 다녔다. 이순신과는 거리가 좀 있었다.

물론 이순신에게도 흠잡을 점이 없지는 않았다. 부안댁이 몇 차례 다녀갔고, 공무상 고을을 순행할 때는 기생과 어울리거나 지방관의 딸과 동침하기도 했다. 가령 1596년(선조 29) 9월에는 전라도 영광에서 기생 내산월을 만난 적이 있었고, 무장(고창)에서는 여러 밤을 여진과 동침했다. 또 광주목사 최철견의 딸 최귀지와도 함께 잤다. 이순신도 사생활에서는 상당한 일탈이 있었던 것이다.

그래도 이순신은 두고 온 아내 생각을 할 때가 많았다. "밤 열 시에 집에 편지를 썼다"고 했다. 또 서남해안을 누비고 다니는 탐후선(정탐선)이 며칠이 멀다하고 아산 본가와 이순신의 진중을 왕래했다. 이와 별도로 방씨는 번갈아가며 남녀 노복을 보내 이순신의 진중생활을 보살폈다.

7년의 전쟁 기간 중 이순신은 한 번도 휴가를 얻지 못했다. 아내를 만나 회포를 풀 기회는 사실상 없었다. 그럼에도 그는 여러 경로를 통해 아내의 소식을 듣고 있었다. "아내의 편지에는 면(셋째 아들)이 더위를 먹어 심하게 앓았다고 했다. 괴롭고 답답하다."(《난중일기》, 1594년 6월 15일) 이런 식으로 부부는 서로 편지를 주고받으며 희로애락을 나누었다.

이순신의 한 가지 걱정은 아내의 건강이었다. "아들 울의 편지를 보니 아내의 병이 위중하다고 했다. 그래서 아들 회를 내보냈다."(《난중일기》, 1594년 8월 27일) 그로부터 사흘 뒤에는 일기에 또 이렇게 기록했다.

탐후선이 들어왔는데, 아내의 병이 몹시 위독하다고 한다. 벌써 죽고 사는 것이 결딴 나버렸을지도 모르겠다. 그런데 나라일이 이 지경에 이르렀으니, 다른 일은 생각이 미칠 수 없다. 허나 (아내가 죽는다면) 세 아들과 딸 하나는 장차 어떻게 살까. 마음이 쓰리고 아프다. (……) 마음이 심란해서 잠을 이루지 못했다.

그 무렵 그는 조정의 비판에 시달렸다. 그러나 그것보다는 아내의 병환이 더욱 마음 쓰였다. "앉았다, 누웠다 하면서 잠을 이루지 못하였다. 촛불을 밝힌 채 밤새 뒤척였다. 이른 아침 손을 씻고 조용히 앉아 아내의 병세를 점쳐보았다. '중이 환속하는 것과 같다'고 했다. 다시 점을 쳤더니, '의심이 풀려 기쁨을 얻은 것과 같다'는 괘가 나왔다. 아주 좋다! 또 병세가 나아질지 점쳤다. '유배지에서 친척을 만난 것과 같다'는 괘가 나왔다. 이 역시 오늘 중 좋은 소식이 들려올 조짐이었다."(《난중일기》, 1594년 9월 1일)

그다음 날 이순신은 탐후선을 통해 기쁜 소식을 들었다. "아내의 병이 좀 나아졌으나, 원기가 몹시 약하다고 하니 염려스럽다." 이처럼 아내 이야기를 소상히 기록하고 있는 것만 보아도 아내를 향한 그의 심정이 어떠하였는지를 짐작할 수 있다.

가족들이 그립고 외롭구나

이순신 장군은 매사에 엄격하고 까다로웠다. 그는 부하가 군법을 어기면 가차 없이 목을 벴다. 전쟁터의 실상을 모르는 조정 대신들의 명령에도 고분고분하지 않았다.

그러나 가족을 대하는 모습은 완전히 달랐다. 1592년 초 동생 이여필(이우신)은 진중으로 찾아와서 넉 달이나 함께 지내다 고향으로 돌아갔다. 동생이 떠나자 이순신의 마음은 한없이 쓸쓸했다. "아침에 어머님께 보내드릴 물건을 샀다. 저녁 나절 여필이 돌아갔다. 객창에 홀로 앉으니, 만 가지 회포가 어린다."(《난중일기》, 1592년 4월 8일)

오래전에 돌아가신 아버지에 대한 그리움도 컸다. "오늘은 아버님의 제삿날이므로 관청에 나가지 않고, 홀로 앉아 있었다. 이 슬픈 회포를 어찌 다 말로 하랴!"(《난중일기》, 1593년 11월 15일)

이순신에게 아버지는 살아 계신 것과 마찬가지였다. "꿈을 꾸었다. 돌아가신 아버지께서 내게 분부하셨다. '13일에 회(이순신의 맏아들)의 초례(혼례)를 치른다는데, 날이 좋지 않다. 4일 뒤로 미루면 좋겠다.' 평소와 똑같은 모습이셨다. 그 모습을 생각하며 홀로 앉아 있었더니, 그리움이 사무쳐 눈물이 마르지 않았다."(1595년 1월 12일) 이런 이순신이었다.

그는 본처 방씨에게서 아들 셋과 딸 하나를 두었다. 딸은 자라서 홍비라는 선비에게 시집갔다. 진중의 이순신은 단 하루라도 자식들을 곁에 두고 있지 못하면 견딜 수 없어 했다.

홀로 배 위에 앉아 있었다. 그리운 생각에 눈물이 흘렀다. 세상에 어찌 나 같은 사람이 있겠는가! 아들 회는 내 심정을 알고 심히 언짢아하였다. (《난중일기》, 1597년 9월 11일)

아버지의 이런 마음을 잘 아는 큰아들 이회(李薈)는 줄곧 진중에 머물렀다. 회는 아버지를 따라 한산도대첩 등 여러 전투에 참가하여 공을 세웠다. 나중에 그는 선무원종공신에 봉해졌고, 첨정 벼슬을 지냈다. 둘째 아들 예(莈)도 아산과 진중을 자주 오갔다. 훗날 정랑 벼슬을 지냈는데,《난중일기》에는 이름이 60번이나 등장할 정도로 아버지의 사랑이 컸다. 셋째 아들 면(葂)은 정유재란 때 아산의 본가에서 왜적과 싸우다 전사했다. 그는 아버지 이순신을 많이 닮아 사랑과 기대가 특별했으나, 젊은 나이에 숨지고 말았다.

통곡하고 또 통곡했다

아들의 부음이 도착하기 전, 이순신은 꿈에서 비극의 전조를
보았다.

> 밤 두 시쯤 꿈속에서 나는 말을 타고 언덕 위로 올라가는데, 말
> 이 발을 헛디뎌 냇물 속으로 떨어졌다. 쓰러지지는 않았으나, 막
> 내아들 면이 끌어안은 것 같았다. 이게 무슨 징조인지 모르겠다.
> (……) 저녁 때 천안에서 온 사람이 집안 편지를 가져왔다. 봉투를
> 뜯기도 전에 뼈와 살이 떨리고 정신이 아찔하며 어지러웠다. 대강
> 겉봉을 뜯고 열(예와 동일인)의 편지를 꺼냈다. 겉면에 '통곡' 두
> 글자가 있었다. 면이 전사했음을 직감했다. (《난중일기》, 1597년
> 10월 14일)

아들을 먼저 보낸 슬픔은 걷잡을 수 없이 컸다.

> 새벽꿈에 고향의 남자 종 진이가 왔다. 나는 죽은 아들을 생각
> 하여 통곡하였다. (……) 저녁 때 코피를 한 되가량 쏟았다. 밤에
> 앉아서 생각하다 눈물이 절로 났다. 이 아픔을 어찌 말로 다하랴!
> (……) 비통한 가슴 찢어질 듯하여 참지 못하겠다. (《난중일기》,
> 1597년 10월 19일)

슬픔은 그의 꿈속까지 자주 따라다녔다. "꿈속에서 면이 죽는 광경을 보고 구슬프게 울었다."(《난중일기》, 1597년 11월 7일) 이순신은 다정다감한 아버지였다.

어느새 간담이 떨어져 목 놓아 통곡하고 또 통곡했다. 하늘이 어찌 이다지도 인자하지 못하신가. (……) 내가 죽고 네가 사는 것이 이치에 맞는 일이거늘. 네가 죽고 내가 살다니. 이런 어그러진 일이 어디 있느냐. 천지가 깜깜하고 태양조차 빛이 변했구나. 슬프다, 내 아들아! 나를 버리고 어디로 갔느냐? (……) 너를 따라가 지하에서라도 같이 지내며 같이 울고 싶구나. 그리하면 네 형들과 네 누이, 네 어머니가 의지할 곳이 없을 테지. 아직 참고 살기야 한다마는 마음으로는 이미 죽고 껍데기만 이렇게 남아 울부짖는다. 이렇게 울부짖는다. 오늘 하룻밤을 보내기가 1년 같구나. (《난중일기》, 1597년 10월 14일)

아들을 잃은 슬픔에 애태우던 그는 1년여 만에 유명을 달리했다. 부모는 누구나 제 나름으로 자식을 사랑한다지만, 이순신처럼 정이 깊은 이는 흔치 않다.

우리는 자신의 부족함은 돌아보지도 않고 자식을 가르치려고 들다 낭패하는 일이 적지 않다. 이순신은 결코 그런 적이 없었다. "절조를 지키며 몸가짐을 꼿꼿하게 견지한 것을 보면, 마

치 석벽(石壁)이 높다랗게 우뚝 서 있는 것 같았다"(이식, 〈통제사증
좌의정이공시장〉)는 말처럼, 그는 스스로에게 한없이 엄격했다. 그러
나 호랑이 같은 엄부(嚴父)가 아니라, 너그러운 자부(慈父)였다. 깊
고 은은한 그 사랑 덕분이었겠지만, 이순신의 자손들 가운데서
는 나라의 동량(棟梁)이 여럿 나왔다.

더 읽을 거리

김훈, 《칼의 노래》, 문학동네, 2012.

노승석, 《이순신의 승리전략: 이순신의 삼국지 인용문》, 여해고전연구소, 2013.

이순신, 노승석 역주, 《난중일기: 교감완역》, 민음사, 2010.

이순신, 이인섭 편, 《이순신 한묵첩: 충무공친필 영인본》, 이화문화출판사, 2000.

조성도, 《이순신의 생애와 사상》, 명문당, 2014.

딸바보

김인후

한없이 따뜻하고
자상했던 큰선비

●

아마도 김인후를 모를 사람이 적지 않을 것이다. 하서(河西) 김인후(金麟厚, 1510~1560)는 16세기의 큰선비였다. 이미 다섯 살에 천자문을 익혔고, 여섯 살에 한시를 능숙하게 지었다. 그는 소년 시절부터 문명(文名)을 떨쳤고, 성리학 외에도 천문, 지리, 의학, 점서(占筮), 산수, 율력(律曆)에 조예가 깊었다. 서예에도 능통해서 해서와 초서를 잘 썼다.

그가 남긴 1600편 가량의 한시(漢詩)는 당송(唐宋)의 문장가와 견줄 만하다는 호평을 받았다. 후대의 선비들은 김인후의 학문과 문장뿐만 아니라, 절의(節義)와 도덕 역시 흠모했다.

현종은 어필로 직접 현판을 써서 김인후를 제향하던 서원에 필암서원(전라남도 장성 소재)이란 사액(賜額)을 내렸다. 그래도 김인후의 됨됨이를 가장 높이 평가한 이는 정조였다. 김인후를 문묘(文廟)에 배향하여 '동국18현'의 한 사람이 되게 했을 뿐만 아니라, 그의 문집인 《하서집(河西集)》을 증보편찬하기 위해 내탕금(內帑金), 즉 임금의 개인 재산을 하사하기도 했다.

당대의 평가에 따르면, 김인후는 퇴계 이황과 더불어 16세기 조선의 성리학계를 이끌었다. 그 무렵 성리학자들의 관심이 집중되었던 천명도(天命圖)에 관해서도 탁견을 제시했다. 천명도란 천하 만물 가운데서 인간이 차지하는 위치를 그림으로 표시한 것으로, 애초 정지운(鄭之雲)이란 학자가 그렸다. 이를 김인후가 대폭 보완 수정하여, 인성의 본질을 파헤쳤다. 그는 인간이야말로 자력으로 하늘의 이치에 통달한 군자가 될 수 있는 존재임을 주장했다. 퇴계 이황도 그 논의에 적극 참여했다(자세한 내용은 205-206쪽에서 소개).

의리를 위해 벼슬도 마다하고

김인후는 탁월한 학자인 동시에 지조 있기로 유명했다. 문과에 합격해서 중종의 조정에 나아가기가 무섭게, 그는 기묘사화로 억울하게 죽은 조광조의 복권을 발의했다. 당시에는 그런 논의를 꺼내는 것 자체가 금기시되었다. 그러나 김인후는 자신의 안위를 돌아보지 않고 사림의 무죄를 주장하여, 한 시대의 도덕과 정론을 바로 세우고자 했다.

김인후의 절조는 인종과의 관계에서 더욱 뚜렷이 드러났다. 젊은 시절, 그는 동궁(훗날의 인종)의 사부로 임명되어 신망이 무거웠다. 동궁은 그의 학문과 충성심에 감동하여, 주자의 《성리대전》을 하사했고, 친히 대나무 그림까지 그려 하사했다.

결국 동궁은 부왕의 뒤를 이어 즉위했으나, 불행히도 곧 승하하고 말았다. 복잡한 궁중 사정이 젊은 왕을 죽음으로 몰고 간 것이다. 그런 이유로 김인후는 벼슬에서 물러났고, 여생을 인종을 추모하며 그의 신하로서 의리를 다하는 데 바쳤다. 해마다 인종의 기일이 되면, 그는 고향의 조용한 숲 속에 들어가서 온종일 홀로 목 놓아 통곡했다. 명종은 여러 차례 벼슬을 주며 그를 조정으로 불렀으나, 모두 사양하고 응하지 않았다. 그는 인종의 충신이었다.

그로부터 얼마 후 임진왜란이 일어났다. 그의 문하에서 수업한 김천일과 고경명 등은 나라를 위해 떨쳐 일어섰다. 이른바 호남 의병의 대다수는 김인후가 초야에서 기른 선비였다. 세상은 '그 스승에 그 제자들'이라며 그들을 칭송했다.

자식 잃은 슬픔 어이 견디리

사람들은 김인후가 엄격하기 그지없는 아버지였을 것이라 지레짐작할지도 모르겠다. 그러나 사실은 정반대였다. 그는 누구보다 인정 많고 관대한 아버지였다. 이따금 아내와 술잔을 건네며 서로 시를 교환하는 다정다감한 남편이기도 했다.

김인후는 윤씨 부인에게서 3남 4녀를 얻었다. 아들로는 장남 김종룡과 차남 김종호, 그리고 어려서 요절한 셋째 아들이 있었다. 네 딸 중에서 셋은 장성하여, 각기 조희문(趙希文), 양자징(梁子徵), 유경렴(柳景濂)과 결혼했다. 안타깝게도 막내딸은 1545년(명종 즉위년) 7월, 열세 살 꽃다운 나이에 숨졌다.

막내딸이 요절하자 김인후는 자신의 심정을 이렇게 표현했다.

만사 하릴없다, 관 뚜껑 덮고 누워 괴로워했네.
병의 뿌리 깊었든가, 여러 해 동안 약을 구하기 어려웠네.
거센 바람 궂은비, 처음 염하던 그날,
처진 나물 찬 과일로 넋 보내는 상 차렸다네.
훨훨 타는 매운 불꽃, 집에 뻗쳐 놀랐다오.
이후로 이 내 몸엔 온갖 병 더하기만.

막내딸이 세상 떠나던 날은 날씨도 궂었다. 김인후는 다음과 같이 썼다. "7월 18일 (네가) 세상을 떴다. 그날 밤, 바람이 심하게 불고 비가 많이 내렸다." 어린 딸을 잃고 한없는 슬픔에 젖었던 그는 딸의 무덤 앞에서도 오열을 참지 못했다.

내 딸이여 내 딸이여, 마음과 몸 맑았도다.
심기조차 아름다웠어, 단아하고 성실했지.
갓 자란 난초, 티 없는 구슬
빈산에 널 묻다니,
봄이 와도 모르겠네.
죄 없는 너 보내놓고 이 지경이 되었구나.
백 년이 가도 원통치
내 억장이 무너지네.
어허라! 세 번 노래하니
노래도 구슬프네.
하늘 보고 목 놓아 울건마는
하늘은 묵묵부답이시네.

그는 딸의 무덤을 찾아가서 목 놓아 서럽게 울기도 했다. 막 내딸에 대한 아버지의 사랑은 유독 깊었다. 딸을 영결한 지 2~3년이 지난 뒤에도 그 슬픔은 줄지 않았다. 김인후는 이렇게 탄식했다.

내 딸 세상 뜬 지 어느덧 3년,

해 넘겨 다시 오니 비참하기 그지없어라.

무덤가의 가벼운 바람, 얼굴을 스치네.

내 딸의 넋, 정녕코 바람 속에 엉겨 있으리.

그 일이 있기 전, 김인후는 막내아들도 병으로 잃었다. 그때도 여간 슬퍼하지 않았다.

석 자 키에 두어 치 관 두께라니.

북망산 바라보니 눈이 늘 젖도다.

가련할손 사람의 일, 슬퍼한들 무엇 하랴.

야속한 하늘의 뜻, 믿기조차 어렵네.

동야의 울음소리 목메어 차마 못 듣겠네.

퇴지의 제상 차림 헛되고 처량해라.

책상머리 저 서책은 평일의 흔적일래.

그림자라도 부질없는 꿈길에 나타나주렴.

'동야의 울음소리'는 당나라 시인 맹교가 자식 셋을 연달아 잃은 일을 비유한 것이며, '퇴지의 제상 차림'은 시인 한유가 딸을 잃은 것을 빗댄 것이다.

최근의 세월호 사태도 그러했지만 아들과 딸을 잃은 부모의 마음을 그 누가 알 것인가. 그 슬픔은 헤아릴 수조차 없는 것이다.

"자식 잃은 사람, 그 슬픔 어이 견디리. 내 일찍 겪은 일 있어 아노라. 눈물이 손수건을 적시네." 뒷날 김인후는 친구가 자식을 잃었다는 소식을 듣고 그렇게 위로의 말을 건넸다.

알다시피 전근대에는 동서양을 막론하고 영유아 사망률이 높았다. 서양의 이름난 수필가이자 사상가인 몽테뉴(Montaigne, 1533~1592)도 두세 명의 자녀를 잃었다고 한다. 그때는 산모의 치사율도 높았다. 16~17세기 프랑스에서는 천 명 가운데 약 40명이 아이를 낳다가 사망할 정도였다. 김인후에게도 이런 액운이 닥쳤다. 그의 둘째 딸이 첫아이를 낳고 탈이 생겼다.

"의원은 용렬하고 무당은 요망하여" 딸도 외손자도 차례로 모두 잃었다며 그는 탄식했다. 조선시대에는 약을 써도 효과가 없으면 무당을 불러 굿을 하는 것이 보통이었다. 신분의 고하를 막론하고 모두가 무당의 단골이었다.

때 이른 둘째 딸의 죽음을 설워하며 김인후는, "태어나자마자 이미 착한 줄 알았고, 또 곧은 성품"임을 알았다며 슬퍼했다. 잃어버린 외손자에 대해서도, "울음소리 우렁차서 문 밖까지 들렸는데"라며 한숨 쉬었다.

근대 의학이 발달하기 전에는 연령과 성별의 구별 없이 죽음의 그림자가 어디나 드리워졌다. 그리하여 김인후와 같이 자애로운 아버지의 눈가에는 눈물이 마를 날이 없었다.

.

시가에 홀로 남은 딸 걱정에

그의 딸 사랑은 사위에 대한 무한 사랑으로 옮겨갔던 것일
까. 그는 유난히 둘째 사위 양자징을 아꼈다. 양자징의 부친 소
쇄옹 양언진은 김인후의 막역한 벗이었다. 그들은 이른바 '세교
(世交, 대대로 맺은 교분)'가 있는 집안이었다. 그 시절 자녀의 결혼에
는 그런 집안을 선호했다. 김인후는 셋째 딸도 지기(知己)였던 미
암 유희춘의 며느리로 보냈다.

그런데 인생에는 예기치 못한 풍파가 있는 법이고, 미래는 누
구도 예측할 수 없는 것이었다. 앞서 말했듯, 김인후의 둘째 딸
은 첫아이를 낳은 뒤 곧 세상을 떠났다. 셋째 딸도 액운이 닥쳐
시아버지 유희춘의 귀양살이가 10년 넘게 이어지는 비운을 맞
았다. 사랑하는 셋째 딸에게 아버지 김인후는 위로의 편지를 보
내곤 했다.

내 친구 북방에 갇혀 있구나.
네 지아비는 만리 길 멀다 않고 따라갔다 하니.
가을바람 으슬으슬 끝없는 (내) 걱정,

들국화 술잔에 어리어 비치누나.

유희춘은 을사사화에 연루되어 함경도 종성에 유배되었다. 그의 아들이자 김인후의 사위였던 유경렴은 부친을 시봉하기 위해 북쪽으로 간 지 오래였다. 시가에 남아 홀로 애를 태우고 있을 셋째 딸을 걱정하며 아버지는 눈물지었다.

김인후의 딸들은 한시를 짓고 한문 편지를 이해할 수 있는 수준이었다. 김인후의 부인 윤씨 역시 한문에 밝았다. 안사돈인 송덕봉은 이름난 여류 명사였다. 그들 집안의 교육열은 여성이라 해서 다르지 않았다. 그 시대로서는 보기 드문 일이었다. 그 시절 양반 가문에서는 딸에게는 한글을 가르쳐서 정성이 담긴 안부 편지를 쓸 수 있을 정도면 만족하는 것이 일반적이었다.

또 하나 우리가 잘 모르는 관행이 있었다. 16세기까지만 해도 신혼인 딸과 사위가 친정부모를 모시고 사는 경우가 많았다. 그러나 17세기가 되면 부계 위주의 종법이 뿌리를 내리면서 아들 며느리가 부모를 모시는 것이 당연한 일이 되었다.

16세기의 인물인 김인후의 경우도 그러했다. 신혼이던 둘째 딸과 사위 양자징이 한동안 김인후 내외를 시봉했다. "(둘째 딸) 내외는 병든 나를 참으로 정성껏 보살폈소"라고 말할 정도였다.

1548년부터 1550년까지 김인후 내외는 전라도 순창에 머물렀다. 그들은 큰아들 김종룡 내외에게 명하여, 본가인 장성의 대맥동 마을에 머물게 했다. 그러고는 싹싹한 둘째 딸 내외를 데리고 갔다. 둘째 아들 김종호는 그 당시 아직 미혼이었다. 나중에 김인후 내외가 장성 본가로 돌아온 뒤, 김종호는 순창 적성면으로 장가들었다. 김종호 역시 상당 기간 동안 처가에서 살았다.

"부디 가서 실가(곧 아내) 잘 돌봐주고, 배움에 힘써 무지를 다스리게." 김인후는 처가로 가는 둘째 아들에게 이렇게 신신당부했다.

제자이자 가장 신뢰하는 친구의 아들이었던 양자징, 순창 시절 곁에서 시봉한 그 둘째 사위를 향한 김인후의 사랑은 끝이 없었다. 훗날 양자징은 장인과의 기억을 추억하며 이렇게 썼다.

이것은 스승이신 하서 김 부자(부자는 큰 스승, 곧 김인후)께서 소자에게 주신 것이다. 평생 그 은혜에 보답하지는 못할망정 사모하는 마음 가눌 길 없어 (이 벼루를) 보배처럼 간직해왔노라. 어느 날 일재 (이항) 선생이 벼루를 보시고, 부러워하며 말씀하셨다. "이 벼루는 벼루가 아니라, 바로 발우(불가에서 후계자에게 물려주는 공양그릇)이거니, 그대는 명심하시게."

김인후가 양자징에게 선물로 준 벼루는 예사 물건이 아니었다. 양자징도 그 점을 잘 알고 있었다. "이 벼룻돌은 (중국)

단주 영양의 명품이라, 부드럽되 먹이 흐르지 않는다. 매끄러워 먹이 먹히지 않는 것이다"라고 했다. 장인이자 스승으로부터 그 벼루를 물려받은 양자징은 평생 동안 학문에 힘써, 마침내는 필암서원에서 김인후와 더불어 그의 신주도 모시게 되었다.

사위 웃음소리에 번뇌와 병 한꺼번에 물러가네

물론 그렇다고 해서 김인후가 큰사위 조희문을 박대했다고 생각하면 안 된다. 그는 큰딸 내외도 끔찍이 사랑했다.

산 늙은이 잠깨어 일어나네.
창포 앞에 세수한다네.
동상(사위 조희문)의 웃음소리, 기쁘게 들려오네.
잠깐 사이에 내 번뇌와 병, 한꺼번에 물러간다오.

큰사위 조희문은 문과에 급제한 수재였다. 그의 벼슬길을 열기 위해 김인후는, 고관이 되어 있던 옛 친구에게 청탁의 편지를 보내기도 했다. 그때 김인후는 인종에 대한 충성을 맹세하며, 조정의 거듭된 기용을 거절하고 있었다. 그러면서도 전도양양한 사위 조희문을 위해서는 어려운 부탁도 마다하지 않았다.

> 하늘 위 그대(김인후의 벗) 살고, 나는 만산 가운데 누워 있다네.
> (……) 시골 살림은 마을마다 해마다 곤궁하기 그지없다오.
> (……) 평생 두고 먹을 약을 (그대에게) 부탁하노니, 조자(사위
> 조희문)로 말미암아 그게 될는지요.

이 편지에서 김인후는 산림에 묻힌 자신의 한가로움과 이미
고관의 지위에 오른 서울 친구의 풍족함을 비교했다. 그는 시골
의 살림살이가 보잘것없다는 점을 강조하면서, 사위 조희문에게
벼슬을 줄 수 있다면 자신의 말년이 평안할 것이라는 기대감을
슬며시 내비쳤다.

선비가 조심해야 할 세 가지

김인후도 물론 잘 알고 있었다. 가문의 전통은 무엇보다도
자신의 아들과 손자를 통해 이어져야 할 것이었다. 이런 유교적
통념을 그가 무시할 리 없었다. 그는 애지중지 키운 두 아들에
게 다음과 같이 짧고 분명한 가르침을 주었다.

뿌리와 가지는 기운이 서로 통한다네. 얼마나 근고하여 이 가풍을 세웠던고. 너희들은 공부하고 몸을 닦아 이어가야 하느니라! 백공(온갖 기술자)도 대대로 기궁한다(부자가 이어나감)더라.

먼저 그는 조상과 자손은 기맥이 통한다는 유교적 교훈을 명시하고, 선비 가문의 전통을 세우기 위해 자신이 얼마나 고심했는지를 고백했다. 그러고는 간절한 마음으로 두 아들에게 부탁했다. 부디 대를 이어 학문에 힘쓰라. 곧 선비의 길에 일로매진하라는 말이었다. 아버지 김인후는 자신이 실천에 힘쓴 도학과 절의의 길에서 절대로 벗어나지 말라며 간곡히 당부했다.

훗날 송시열은 김인후의 학문과 실천적 삶에 관해 이렇게 언명했다. "이 나라의 큰선비들은 도학, 절의, 문장에서 저마다 등급의 차이가 있었다. 이 셋을 다 지니면서도 어느 한쪽에 치우치지 않은 이는 거의 없었다. 그런데 하늘이 우리 동방을 아끼시어하서 김 선생을 내셨도다. 그분만이 이 셋을 모두 갖추셨다."

오직 선비의 길에 정진하라는 김인후의 훈계는 여러 번 거듭되었다. 때로 그는 지극히 실천적인 계명을 주었다. "늘 말조심하고, 술 조심하고, 성적 방탕에 빠지지 마라"고 했다. 오직 주자와 정자(程子, 송나라의 정명도와 정이천 형제)의 가르침에 따라 성리학에 매진하라는 이념적 지향을 제시하면서도, 일상의 사소한 언행에 방점을 찍은 것이었다.

김인후의 훈계는 상당한 효과를 보았다. 그의 자손들(울산 김씨)은 차츰 선비 사회에서 두각을 나타내기 시작했다. 그들은 고봉 기대승(행주 기씨), 제봉 고경명(장흥 고씨), 고산 윤선도(해남 윤씨)의 자손들과 더불어 호남 최고의 선비 가문이 되었다. 전통은 근대까지도 죽 이어졌다. 대쪽 같은 성품으로 삼권 분립을 위해 노력한 초대 대법원장 가인 김병로도 그 후손이다.

자녀들에게 한없이 자상하고 따뜻했던 아버지 김인후, 그가 세운 가문의 전통은 시대의 격랑을 뚫고 실로 오랫동안 유지되었다.

정지운은 〈천명도〉에서, "사단(四端)은 이(理)에서 일어나고, 칠정(七情)은 기(氣)에서 일어난다(四端 發於理 七情 發於氣)"라고 하였다. 사단은 인(仁), 의(義), 예(禮), 지(智)의 실마리가 되는 네 가지 마음을 가리킨다. 정지운은 이것이 '이(理)', 곧 하늘의 이치에서 비롯된다고 보았다. 그에 비해 칠정, 즉 희로애구애오욕((喜怒哀懼愛惡欲, 기쁨·성냄·슬픔·두려움·사랑·미움·욕심)의 기분은 그때 그때의 사정에 따라 변하는 기운에서 일어난다고 이해했다.

퇴계의 견해는 약간 달랐다. "사단은 이가 일어난 것이고, 칠정은 기가 일어난 것이다(四端 理之發 七情 氣之發)"라고 했다. 사단과 칠정은 각기 '이'와 '기'로 인하여 이미 존재한다는 주장이다. 이러한 주장이 당시 선비들 사이에서 많은 논란을 불러일으켰다.

후일에 퇴계는 고봉(高峰) 기대승(奇大升)에게 보낸 편지에서 과거 자신의 주장을 보완했다. "사단이 일어남은 순수한 이치를 따른 것이라 불선(不善)이 없다. 하지만 칠정의 일어남에는 모두 기가 작용했으므로 선악이 있다(四端之發純理 故無不善 七情之發兼氣 故有善惡)." 간단히 풀이하면, 사단은 절대 객관이요 최고선(最高善)이지만, 칠정은 그렇지 않아 선할 수도 있고 악할 수도 있다는 것이다.

그러자 기대승은 이렇게 응답했다. "성(性)은 무불선(無不善, 악이 없음)이요, 정(情)은 유선악(有善惡, 선도 있고 악도 있음)임을 인정합니다. 다만 칠정외에 사단이 따로 있는 것은 아닙니다. 사단도 칠정에 포함되는 것입니다." 요컨대 기대승은 사단으로 표현되는 인간 본성과 칠정으로 요약되는 인간의 감정에 관한 퇴계의 정의에는 동의하면서도, 사단과 칠정을 '기'의 소관으로 인식했다. 이로써 두 학자 사이에는 사단과 칠정을 둘러싼 오랜 논쟁이 벌어졌다.

논쟁이 거듭될수록 두 사람의 입장은 조금씩 가까워졌다. 마침내 퇴계는 기대승과 자신의 견해가 크게 다르지 않다고 선언했다. '동본이말(同本異末)', 곧 근원은 같으나 지엽적인 차이가 있을 뿐이라는 평가였다. 두 사람의 주장이 인간 본성의 표현을 사단으로 인식하고, 이를 절대선으로 간주한다는 점에서 근원이 같다는 것이다. 다만 칠정의 성격에 관해서는 두 사람이 완전한 합의에 도달하지 못했기 때문에 지엽적인 문제가 남은 것으로 판단했다.

본래 기대승은 사단칠정에 관한 철학적 질문을 고향 선배 김인후에게 할 생각이었다. 그러나 뜻밖에도 김인후가 일찍 세상을 뜨고 말았다. 결국 고봉은 하서 김인후와 쌍벽을 이루었던 대학자 퇴계를 상대하여 역사적인 논쟁을 펼치게 되었다.

더 읽을 거리

백승종, 《대숲에 앉아 천명도를 그리네: 16세기 큰선비 하서 김인후를 만나다》, 돌베개, 2003.

이기동, 《천국을 거닐다, 소쇄원: 김인후와 유토피아》, 사람의무늬, 2014.

조기영, 《하서 김인후의 시문학 연구》, 아세아문화사, 1994.

허경진, 《하서 김인후 시선》, 평민사, 2000.

11

청
백
리

이
항
복

의를 위해
죽음으로 맞서다

●

이항복은 호걸이었다. 그 성품도 시원시원하였다. (……) 그는 젊은 시절부터 이덕형과 나란히 이름을 떨쳤는데, 둘 다 문장가로 성공하여 높은 벼슬에 이르렀다. 일찍이 정철은 이 두 사람을 상서로운 기린과 봉에 견주어 칭송했다.

《광해군일기》의 〈이항복 졸기〉에 기록된 그의 인물평이다. 백사(白沙) 이항복(李恒福, 1556~1618)은 재치와 해학이 세상의 으뜸이었다. 그를 두고 '호걸'이라거나, '성품이 시원시원했다'는 말이 그런 뜻이었다. 그런 그에게 이덕형이라는 단짝 친구가 있었다는 사실도 흥미롭다. 그들은 난세의 조정을 지키는 기둥이었고, 나란히 '청백리'로 뽑혀 후세의 귀감이 되었다.

이항복은 강철 같은 신념의 소유자였다. 그는 목숨을 던져서라도 자신이 신봉하는 가치를 지키려 했다. 이항복의 일생은, 후배 장유(張維)가 저술한 〈행장(行狀)〉에 구체적으로 나타나 있다. 또 지금까지 전해지는 숱한 설화에도 그의 인간적 면모가 잘 드러나 있다.

그럼 아버지 이항복은 어떤 모습이었을까? 유쾌하고 기지가 번득이는 호걸쾌사(豪傑快士)의 모습만은 아니었다. 그의 평소 언행을 살펴보고 그가 이따금 가족들에게 보낸 편지, 곧 〈간독(簡牘)〉을 읽어보면, 이항복은 따뜻하고 자상한 아버지이자 때로 까다롭고 추상(秋霜)같이 엄한 아버지였다.

재치와 기개가 넘치는 소년

세인의 뇌리에 깊이 각인된 이항복의 이미지는 '익살꾼'이다. 오랫동안 회자되어온 '오성과 한음 이야기'만 해도 그렇지 않은가. 훗날 오성부원군에 책봉된 이항복과 그의 벗 한음(漢陰) 이덕형(李德馨, 1561~1613)의 우정에 얽힌 다양한 이야기는 아직도 전국에 널리 퍼져 있다. 20세기 후반에 수집 정리된 《한국구비문학대계》(한국정신문화연구원)에도 상당히 많은 관련 설화가 있다. 그중에서도 나의 주목을 끈 것은 이항복의 가족 이야기다. 먼저 나중에 혼인으로 맺어지는 옆집 대감과의 일화부터 들어보자.

소년 이항복의 집 마당에는 빨간 홍시가 주렁주렁 매달린 큰 감나무 한 그루가 있었다. 이웃집 대감은 홍시를 무척 좋아해서 자기 집으로 넘어온 가지에 달라붙은 홍시를 몽땅 차지했다. 소년 이항복이 항의했으나, 대감은 막무가내였다.

이항복은 궁리 끝에, 대감의 사랑방 문에 구멍을 뚫고 주먹을 불쑥 들이밀며 물었다. "이것이 누구의 주먹입니까?" "네 놈의 주먹이지!" 대감이 이렇게 말하자, 이항복은 똑같은 논리로 대감을 굴복시켰다.

이 설화는 과연 역사적 사실과 일치할까? 그것은 지어낸 이야기에 불과하다. 하지만 마냥 허구로만 치부할 수 없는 점이 있다. 설화 속 인물의 특징이 역사적 진실에 가깝기 때문이다. 장유는 〈행장〉에서, 소년 이항복의 모습을 이렇게 묘사했다.

"열다섯 살이 되자 공은 몸집이 건장했고 용맹하였다. 씨름과 공차기 등 '소년들의 놀이'도 썩 잘하였다. 어머니 최 부인이 그 사실을 알고, 준절히 나무랐다."

요샛말로 이항복은 '노는 아이'였다. 설화에 묘사된 것처럼 이항복은, 대담한 성격의 소유자요 재치가 남달랐다. 이웃집 대감으로 기술된 영의정 권철(權轍)에 관해서도 비슷한 말을 할 수 있다. 권철은 다소 장난기가 있었지만 솔직하고 기개 있는 사람이었다. 그가 소년 이항복의 기지와 용맹에 호감을 가진 것은 당연한 일이었다. 권철의 아들은 임진왜란 때 행주대첩으로 유명한 권율 장군이다. 그들 권씨 부자는 호걸의 풍모를 지닌 이항복을 무척 아껴서 결국 사위로 삼기까지 했다.

고지식한 장인, 기민한 사위

또 다른 설화는 권율과 이항복, 두 사람의 차이를 암시한다. 대강의 이야기는 이러하다.

무더운 여름날 입궐하는 장인에게 이항복이 은근한 어조로 말했다. "오늘처럼 더운 날은 겉옷만 제대로 차려입으시지요. 속옷이야 낡은 옷이면 어떻습니까? 누가 알겠습니까?" 장인은 그럴듯한 말이라 수긍하고 평소 집에서 입는 옷을 입었다.

뒤이어 이항복도 조정에 나갔다. 그날따라 그는 선조 임금에게 기이한 제안을 했다. "전하, 날씨가 너무 덥사옵니다. 이제 관복일랑 모두 벗어버리고, 편복 차림으로 회의를 하심이 어떠하옵니까?" 임금은 그 말에 일리가 있다고 여겼다.

"경들은 모두 관복을 벗으시오!" 낡고 해진 속옷을 입은 권율은 순간 당황해서 어쩔 줄을 몰랐다. 권율의 옷차림을 두고 대신들이 수군거리는 소리가 들렸다. 선조의 낯빛도 붉어졌다.

그러자 이항복이 아뢰었다. "권공은 벼슬이 높아도 가세가 어렵사옵니다. 이처럼 낡은 옷마저도 여벌이 없을 지경이옵니다." 임금은 권율이 청렴한 사람이라며 감동해서는 그 자리에서 바로 상을 내렸다.

우리는 권율을 장수로만 기억한다. 그러나 사실은 다르다. 그는 문과를 통해 조정에 진출한 문인이었다. 그 역시 사위 이항복과 마찬가지로 문무의 재능을 겸비했다. 임진왜란 때 도원수로서 큰 공을 세운 권율이지만 청렴하고 고지식한 사람이었다.

위 설화가 묘사하는 대로, 두뇌가 명석하여 임기응변에 능했던 사위 이항복과는 차이가 있었다. 물론 이 설화 역시 영락없는 허구다. 사위가 장인을 꾀어 일부러 궁지에 빠뜨린 적도 없고, 임금이 바로 그 장인에게 선물을 준 일도 없다.

그럼에도 설화에 담긴 세평이 귀중하다. 줏대 없고 무능한 선조 임금보다 한결 뛰어난 이가 이항복이요, 융통성이 부족한 권율 장군보다도 이항복이 낫다는 평가는 경청할 만하다.

'오성과 한음' 이야기에 담긴 민중의 꿈

타고난 익살꾼이자 '꾀보따리'가 이항복이었다. 학문에도 뛰어나서 스물다섯 살 때 문과에 합격했다. 말솜씨와 글 솜씨가 모두 뛰어나서 일단 조정에 들어가자 그의 인기는 고공행진을 했다. 그런데 16세기 후반 조정에는 당쟁의 거센 소용돌이가 휘몰아쳤다. 그래도 이항복은 부화뇌동하지 않았다. 선조도 이항복의 재주와 능력을 믿고 그에게 요직을 맡겼다. 장유는 이렇게 말했다.

"공은 39년 동안 벼슬을 하였는데, 이조판서를 한 번, 병조판서를 다섯 번, 정승을 네 번, 원수(元帥)를 한 번, 체찰사를 두 번이나 지냈다."

그때 조정에는 이항복의 동지 이덕형도 있었다. 세간에 전해지는 말과 달리 그들의 우정은 성인이 되고 나서 시작되었다. 이항복이 다섯 살 아래의 이덕형을 처음 만난 것은 스물두 살 되던 때였고 서울의 과거시험장에서였다. 혈연과 학연으로 보면 이항복은 서인, 이덕형은 동인이었다. 그러나 우정으로 하나가 된 그들은 당쟁의 극복에 힘썼다.

1592년, 잔혹한 임진왜란이 시작되었다. 국운은 더욱 기울었다. 이제 두 사람은 국난 극복을 사명으로 여겼다. 이덕형은 뛰어난 외교 수완을 인정받아 사신으로 뽑혀, 명나라에 가서 원병을 요청하는 임무를 맡게 되었다.

병조판서 이항복은 명나라로 떠나는 벗에게 이렇게 말했다. "자네가 구원병을 데려오지 못하면, 내 시체를 이 나루터에서 찾게." 그 말이 떨어지기 무섭게 이덕형이 답했다. "명의 구원병이 안 오거든, 자네는 내 시체를 명나라 도읍에 와서 찾아가게."

두 사람은 외교와 국방을 전담하다시피 하며 구국의 일념으로 분주했다. 다행히 이순신, 권율 및 의병장들이 잇따라 승리하면서 왜적이 물러갔다. 그랬으나 한번 도탄에 빠진 민생은 회복하기 어려웠다.

그 와중에 초로의 정승 이덕형이 먼저 세상을 등졌다. 이항복은 노구를 이끌고 상가를 찾아가서 친구의 시신을 손수 염했다. 당파를 초월한 두 사람의 우정은 후세의 귀감이 될 만하다.

사람들의 뇌리에 두 재상은 구국의 영웅으로 각인되었다. 그들이라면 낡은 사회질서의 폐단도 능히 극복할 수 있다고 믿었다. 그래서 사람들은 '오성과 한음 이야기'를 지어냈다. 구질서의 통쾌한 전복, 이것은 민중의 꿈이었다.

노련한 선배 같은 아버지

이항복과 권씨 부인은 여러 명의 자녀를 두었다. 이항복은 이

따금 자녀들과 편지를 주고받았다. 그럴 때면 자신의 속마음을 솔직히 표현했다. 자녀들이 직면한 여러 가지 문제를 해결할 조언도 기꺼이 해주었다.

1612년(광해군 4), 강원도 양구현감으로 있던 큰아들 이성남(李星男)이 위기에 빠졌다. 그에게 체벌을 받은 역졸이 사망하는 사건이 일어나자 이성남은 상부의 조사를 받게 되었다. 아버지 이항복은 애타는 마음을 담아 아들에게 편지를 썼다.

그 편지는 두 부분으로 나뉜다. 먼저 아버지는, 노련한 선배 관리로서 아들에게 침착과 냉정을 되찾을 것을 주문했다.

네 죄가 수사를 받고 있는 지금, 벼슬을 그만둔다면 네가 허약하고 겁쟁이로 보여 다들 가소롭게 여길 것이다. 일의 형세로 보아도 마땅하지 않을 것이다. 너는 성실히 조사에 임해야 한다.

만일 관찰사가 너를 처벌하려고 조정에 건의할 경우에는 말이다, 체포를 하건 파직을 하건 서울의 대간(臺諫)들이 죄를 고발하여 파직에 이를 것이다. 그들이 어떻게 처리하든지 아무 걱정 말고 맡겨두어라.

결국 이 사건이 무사히 종결되면, 그때는 관찰사에게 이렇게 아뢰면 좋겠다.

"역졸도 백성인데, 비록 가벼운 매질을 하기는 했지만 저로 말미암아 죽었습니다. 제 마음이 몹시 불편합니다. 다시는 백성들을 볼 면목이 없습니다. 이 일로 수개월 동안 하명을 기다리다가 결국은 무죄 처분을 받아 더더욱 송구합니다."

이런 글을 올리고, 조정의 법에 따라 벼슬을 버리고 돌아오라. 그러면 이 일이 조용히 마무리될 것이다.

아들의 안위를 염려하는 아버지의 걱정은 끝이 없었다. 그러나 이 편지의 말미에는 차마 숨기지 못하는 이항복의 진심이 확연히 드러나 있다.

내가 듣건대, 양구현 아전들이 네게 원망을 품고 처벌을 바란다고 하는구나. 극히 무례한 일이다.

그래서 말인데, 사정상 더는 그곳에 머물지 못할 형편이거든 말이다, 설사 도주했다는 혐의를 받게 되는 일이 생기더라도, 서둘러서 꼭 빠져나와야 한다. 알겠느냐? 이 결정은 현장에서 직접 형편을 판단할 수 있는, 네 스스로가 알아서 처리할 일이다.

그는 아들에게 '신변에 위협을 느끼거든 양구를 벗어나라. 나중에 욕을 먹는 한이 있어도 너는 무사히 내 곁으로 돌아와야 한다'며, 아버지의 절절한 마음을 여과 없이 드러냈다. 그 뒤 이 사건은 별 탈 없이 해결되어, 아들은 양구에 계속 머물렀다.

손자 교육에 열성인 '꼰대' 할아버지

그 이듬해인 1613년(광해군 5), 이항복은 손자의 교육 문제로 큰아들에게 다시 편지를 보냈다. 손자 교육 문제에 관한 이항복의 태도는 요샛말로 '꼰대'나 다름없었다.

시아(時兒)가 곧 《사략(史略)》을 뗀다고 하던데 내 마음이 흡족하고 다행스럽구나. 그런데 책은 한 번 쓱 보아 넘기기만 하면 안 되느니라. 숙독하지 않으면 읽지 않은 것이나 다름없다. 손자가 그 책을 다 뗐다 해도, 다른 책을 펼치게 하지 말고 두고두고 되풀이 읽게 하여라. 50~60번을 반복하여 읽은 뒤라야 다른 책을 봐도 괜찮다.

《사략》을 마친 뒤에는 또 어떻게 할지에 관해서도 할아버지는 생각이 많았다. 문과에 떨어진 큰아들의 실력을 의심했던 것일까.

만일 《사략》을 숙독했다면, 《통감(通鑑)》은 굳이 읽힐 필요가 없다. 그러면 《논어(論語)》를 읽혀야 할 텐데, 그 공부는 또 그 나름으로 주의점이 있을 것이다.

이항복은 손자의 공부에 관하여 장기적인 계획을 다 마련해 두고 있었던 모양이다. 그는 큰아들에게 잔소리를 늘어놓았다.

시아가 일곱 권이나 되는 책(《사략》)을 읽었으면, 문리는 조금 트였겠구나. 당장 시사(詩詞)를 읽히고, 글쓰기(述作)를 가르쳐야 한다. 그렇게 하지 않으면 문리는 있어도 글쓰기에 서툴러, 결국 서궤(書櫃, 책장)처럼 쓸데없는 공부로 끝나고 말 것이다. 절실히 경계하고 경계하라.

이참에 이항복은 손자를 서울로 데려다가 자신이 직접 지도 하기로 작정했다. 그는 이런 중대한 교육 문제를 아들과 차분히 상의할 필요조차 느끼지 못한 듯, 사실상 일방적으로 통고했다.

《사략》을 숙독하고 나면, 시아를 데려와야 하겠다. 여기서 내가 시도 가르치고 글쓰기도 가르칠 것이다. 다른 대가(大家)들의 책 도 다 가르치고 싶다. 한 가지 책을 끝내면, 네게 보내 시아가 부 모를 만나고 여기서 배운 것을 숙독하게 하자. 숙독이 끝나면, 또 이리로 와서 다른 책을 배우게 하리라. 절반은 서울에 머물고, 절 반은 시골에 있게 하는 것이 시아에게 가장 좋은 방법일 것이다.

이항복의 정성스러운 지도에도 불구하고, 손자 시아는 끝내 학문의 열매를 맺지 못했다. 아마도 요절한 것이 아닐까 한다. 이씨 집안의 명예를 빛낼 아이는, 한참 뒤에 태어난 이시현(李時顯)이었다.

어찌 가족의 안위를 위해 뜻을 굽히랴

이시현이 태어나기도 전에 이항복은 불귀의 객이 되었다. 광해군이 즉위한 뒤로 조정에서는 대북파의 세력이 강해졌다. 그들은 영창대군을 죽이고, 선조의 계비 인목대비마저 폐위할 태세였다. 이항복을 비롯한 몇몇 인사들이 폐모론을 반대했으나, 아무 소용도 없었다. 1617년(광해군 9) 겨울, 이항복은 폐모론을 반대한 죄로 귀양길에 올랐다. 연로한 그는 중풍까지 앓아 반신불수가 되었다. 그럼에도 집권 세력은 무리하게 유배 명령을 집행했다. 그 이듬해 여름, 이항복은 북청에서 쓸쓸히 눈을 감았다.

유배를 떠날 때 이항복은 자신의 최후를 예감했다. 그는 상을 치를 옷가지를 챙기고 나서 아들들에게는 이렇게 유언했다.

"나라를 잘못 섬겨 이런 죄를 얻었구나. 내가 죽거든 조의(朝衣, 관복)로 염(殮)을 하지 말고 선비의 웃옷인 심의(深衣)와 대대(大帶, 심의 차림일 때 선비가 착용하는 띠)만 사용하라."

한 나라의 정승까지 지낸 이항복이었지만 나라의 죄를 입은 몸이므로, 선비의 예법대로 장례를 치르라는 당부였다. 이항복을 죽음으로 몰아간 정치적 파탄은 1615년(광해군 5)에 시작되었다. 대북파가 인목대비의 친정아버지 연흥부원군(延興府院君) 김제남(金悌男) 일가를 몰살하고, 여덟 살짜리 영창대군에게 '역적의 괴수'라는 죄명을 씌웠다. 이항복은 거세게 반대했다. 장유는 그때의 정황을 차분히 기술했다.

소인배가 기세를 떨쳐 다가올 재앙을 예측할 수 없었다. 두 명의 대신이 밤에 공(이항복)을 찾아와 회유하고 협박하였다. 그래도 공은 흔들리지 않았다. 아들과 조카들이 눈물을 흘리며, "가족의 안위부터 살펴주소서!"라며 애원하자, 공은 수염을 쓰다듬으며 훈계하였다. "나는 선조 임금의 두터운 은혜를 입어 재상이 되었다. 이제 늙어 죽을 목숨에 불과하다. 어찌 뜻을 굽히고 임금을 저버려, 스스로 명의(名義)를 무너뜨릴까 보냐. 내 뜻이 이미 정해졌으니, 너희는 아무 말도 하지 마라."

북청에서 이항복의 사망 소식이 들려오자, 광해군은 빼앗았던 관작(官爵)을 되돌려주었다. 이항복의 후손들은 대대로 명가의 전통을 이어, 여러 명의 정승을 배출했다. 사도세자를 애써 보호한 이종성도 그의 후손이었고, 서간도에 독립군 양성 학교인 신흥무관학교를 세운 이회영, 이시영 형제도 그러하다. 정녕

뿌리 깊은 나무는 바람에 부러지지 않는 법인가.

더 읽을 거리

이종건, 《백사 이항복의 문학연구》, 국학자료원, 2002.

이항복, 《(신편 국역) 백사집》 1~4권, 한국학술정보, 2007.

이항복, 《천애의 나그네: 백사 이항복의 중국 사행시집》, 이회문화사, 2013.

비극의 주인공

영조

그 아버지와 아들 사이에 무슨 일이 있었나

●

영조는 아들 사도세자를 버렸다. 아들은 아버지의 명에 의해 뒤주에 갇혀 죽었다. 일각에서는 부자가 당쟁에 깊이 얽혀 그런 비극이 일어났다고 한다. 다른 쪽에서는 불행한 왕실 가족사에서 사태의 본질을 찾는다. 사도세자의 아들 정조의 시각은 달랐다. 정조는 당쟁 때문에 비극이 발생했다고 주장하면서도, 아버지의 타고난 자질을 높이 평가했다. 사도세자는 성리학과 무예에 능통하고, 누구보다 효심 깊은 아들이었다는 것이다. 이번에는 영조, 사도세자 및 정조에 이르는 왕실 3대의 부자에 관한 이야기를 해보자.

휘령전 앞에서 아들을 죽인 이유

1762년(영조 38) 윤5월 13일, 영조는 세자의 지위를 박탈했다. 아들은 창덕궁 휘령전 앞에 대령한 뒤주에 갇혔다. 그로부터 8일 후에 스물여덟 살의 아들은 숨을 거두었다. 이른바 임오화변(壬午禍變)이다.

미증유의 사태였다. 인조가 청나라에 인질로 붙잡혀 있다가 귀국한 소현세자에게 벼루를 던져서 죽였다는 소문도 있기는 했다. 그래도 그것은 풍문에 지나지 않았다. 사도세자의 경우는 달랐다. 부왕의 지휘 아래 '친자 살해' 사건이 일사천리로 진행되었다.

휘령전은 영조의 정비 정성왕후 서씨의 위패를 모신 사당이었다. 정성왕후는 사도세자에게 친어머니와 다름없었다. 세자의 생모는 영빈 이씨였으나, 세자는 정성왕후를 법모(법적 모친)로 받들었다. 영조가 휘령전 앞에서 세자를 죽인 이유는 무엇일까. 양친 부모가 한마음으로 불효 불충한 자식, 사도세자를 엄벌한다는 의미였을 것이다.

역사 기록에 따르면, 아버지 영조, 생모 영빈 이씨, 법모 정성왕후, 장인 홍봉한(洪鳳漢) 등 네 명이 일치단결하여 세자를 극형에 처했다. 영조는 "내 꿈에 정성왕후 서씨가 나타나서 세자의 역모 사실을 알려주었다"라고 말했다. 그는 또 "생모 영빈의 고발에 따라 죽이게 되었다"고도 말했다. 세자의 장인 홍봉한도 사건에 깊이 관련되었다. 휘령전 앞에 뒤주를 대령한 이가 바로 홍봉한이었다.

영조는 오래전부터 친자 살해를 염두에 두었다. 첫째, 영조는 생모 영빈에게 아들의 비행을 고발하도록 압박을 가했다. 영빈이 자발적으로 세자를 죽이자고 말했을 가능성은 희박하다. 왕이 세자를 제거하려는 뜻을 굽히지 않았기 때문에, 영빈은 어쩔수 없이 따랐을 것이다. 사도세자가 죽은 뒤 영빈은 시름시름 앓다가 2년 만에 숨을 거두었다.

둘째, 장인 홍봉한도 사위를 죽이자고 나섰을 리가 없다. 세자는 실로 오랫동안 장인을 믿고 따랐다. 영조의 강압이 아니었더라면 홍봉한이 사위를 가둘 뒤주를 기꺼이 궐내로 반입할 이유가 없었다. 세자가 죽자 홍봉한은 자신의 딸 혜경궁 홍씨(惠慶宮 洪氏)와 세손을 집으로 데려가서 보호하기도 했다. 그랬건만 정략에 휘말려 사위를 버렸다는 얼토당토않은 비난을 받게 된다. 물론 한참 뒤의 일이다.

셋째, 영조는 순간적으로 감정이 폭발해서 세자를 죽인 것이 아니었다. 살려달라고 애걸복걸하는 아들의 애원을 여드레 동안이나 외면한 점을 보더라도, 친자 살해를 결심한 부왕의 각오는 끔찍이도 단호했다.

누구의 책임인가

영조의 손자이자 사도세자의 아들이었던 정조는 아버지를 위해 《현륭원지》를 썼다. 1789년(정조 13) 10월, 사도세자의 묘를 화성으로 이장한 다음이었다. 정조는 임오화변을 '나경언 사건'의 결과로 인식하고 있었다. 나경언은 1762년(영조 38) 5월 22일, 세자의 비행을 조목조목 열거했다. 결국 영조는 나경언의 고발에 현혹되어 사랑하는 세자를 죽이고 말았다는 것이다.

정조는 할아버지 영조가 신하들의 모략에 속아 넘어가서 사도세자를 죽이고 말았다면서, 아버지 사도세자뿐만 아니라 할아버지 영조 및 자기 자신도 당쟁의 희생자라고 주장했다. 정조의 이러한 관점은 자신의 정치적 이익을 고려해 설정된 것이다. 정조는 왕실의 일치와 화해를 위해서 왕실 구성원 모두가 당쟁의 희생자라는 유권 해석을 내린 것이다.

사건의 장본인 영조도 임오화변을 정치적으로 해석했다. 영조는 세자를 죽인 지 보름 만에 그의 복권을 명령했다. 그러면서 장차 세손(정조)을 보호하기 위해서 필요한 조치라고 강조했다. 영조는 자신이 죽인 아들의 죽음을 애도하며 '사도(思悼)'라는 시호를 내렸다. 그로부터 2년이 지난 1764년(영조 40)에는 〈금등지사(金縢之詞)〉를 지어, 사도세자의 사당인 수은묘에 보관하게 했다. 금등지사는 억울한 일이 있을 때 후세에 이를 밝혀 진실을 알게 하는 문서를 말한다.

영조는 왜 〈금등지사〉를 작성했을까. "오직 종묘사직을 위해 세자를 제거했을 뿐, 왕위는 장차 현명한 세손(정조)에게 물려주기로 했다. 이 결정은 당파 싸움과는 무관하다. 그러므로 앞으로 절대 논란을 벌이지 마라." 〈금등지사〉는 대략 이런 내용을 담았을 것으로 추측된다.

임오화변의 원인을 사도세자 한 사람의 개인적인 비행 탓으로 돌리는 것, 이것이 영조의 뜻이었다. 요컨대 세자의 죽음에 관해서는 어느 누구도 정치적 책임이 없으니 일체 왈가왈부하지 마라, 이것이 영조의 단순명료한 입장이었다.

정조는 다르게 해석했다. 정조는 일부 신하들에게 사도세자를 죽음으로 내몬 책임이 있다고 보았다. 정조가 《현륭원지》를 편찬한 의도 역시 자신의 그러한 주장을 굳히는 데 있었다. 사도세자를 궁지로 몰았던 노론 벽파와 영조의 계비 정순왕후 일파를 정치적으로 압박하기 위해, 정조는 《현륭원지》를 편찬한 것이다.

정조는 이미 죽은 노론 벽파의 대신 김상로(金尙魯)의 관작을 추탈했다. 또한 정조의 외종조부 홍인한에게 사약을 내렸다. 정조는 김상로와 홍계희 등을 '적신(賊臣)', 즉 역적이라고 매도하기도 했다. 영조는 〈금등지사〉를 통해 장래의 정치적 보복을 차단하고자 했으나, 무용한 일이 되었다.

아버지의 기대와 실망

사도세자는 영조의 둘째 아들이었다. 효장세자가 죽고 8년을 기다린 끝에 얻은 아들이었다. 영조는 얼마나 아들을 기다렸던지, 사도세자의 출산 장면을 곁에서 끝까지 지켜보았다고 한다. 부왕의 기대에 부응이라도 하듯, 사도세자는 재주가 비상했다. 세 살 때 《효경》을 읽을 정도였다. 훗날 영조는 세자가 '생지(生知)', 곧 나면서부터 모든 것을 이해하는 천재의 경지였다고 회고했다. 열 살이 되자 세자는 부왕의 계획에 따라 노론 집안의 규수, 곧 홍봉한의 딸과 혼인했다.

사춘기에 이르러 세자는 부왕의 기대에서 자꾸만 멀어져갔다. 세자는 문(文)이 아니라 무(武)를 좋아했다. 성리학을 통해서만 군주의 덕을 기를 수 있다고 확신한 영조로서는 실망스러운 일이었다. 문인 가문에서 성장한 세자빈 혜경궁 홍씨에게도 뜻밖의 상황이 전개된 셈이었다. 혜경궁은 《한중록(閑中錄)》에서 단한 번도 세자의 출중한 무예 솜씨를 칭찬한 적이 없다.

아버지에 대한 그리움이 컸던 아들 정조의 생각은 달랐다. 정조는 사도세자의 출중한 무예를 큰 자랑으로 여겼다. 《현륭원지》에서 정조는 아버지 사도세자가 당대 최고의 군사 전문가였다는 사실을 누누이 설명했다. 아버지에 대한 정이 오죽 사무쳤으면, 정조가 아버지의 뜻을 이어 《무예도보통지(武藝圖譜通志)》를 간행하기까지 했을까 싶다.

아버지 영조의 불안한 심리

세자의 취향을 완전히 무시하고 부왕 영조는 성리학 공부에
집착했다. 거기에는 그 나름의 이유가 있었다. 영조는 줄곧 출생
의 열등감에 시달렸다. 그는 숙종과 숙빈 최씨 사이에서 태어났
다. 생모 숙빈은 '무수리', 곧 궁녀의 하인이었다고 전해진다. 숙
종의 여러 후궁들 가운데서도 숙빈은 신분이 가장 미천했다.

설상가상으로 영조의 친부는 숙종이 아니라 노론의 책략가
인 김춘택(金春澤)이라는 풍문이 파다했다. 김춘택은 숙종의 장인
김만기의 손자로 인경왕후의 친정 조카였다. 그는 궁중과의 인
연을 이용하여, 1694년(숙종 20)에 폐비 민씨(인현왕후)를 복위시키
는 데 성공했다. 이 갑술환국으로 인해 폐비 민씨의 복위를 반대
하던 남인은 화를 입었다. 노론이 실권을 장악하는 과정에서 궁
중에 뇌물을 썼다는 소문이 파다했다. 그 일로 김춘택은 관헌에
체포되어 심문을 받기도 했다.

그러나 갑술환국으로 남인이 축출되고 노론이 재집권함에
따라 김춘택은 다시 자유의 몸이 되었다. 노론은 김춘택을 재집
권의 공로자로 칭송했다. 반대파인 남인은 그를 일컬어 비겁한

음모와 술수의 장본인이라며 성토했다. 그러면서 김춘택이 몰래 궁중을 드나들며 궁녀와 관계를 맺었고, 급기야 아이까지 낳게 했는데 그 아이가 바로 영조라는 악성 루머까지 퍼뜨렸다. 물론 그런 소문이 사실인지는 누구도 확인하지 못했다.

김춘택은 재주가 많은 사람이었다. 일찍이 시문에 탁월한 재능을 보였던 그는 종조부(從祖父) 김만중(金萬重)의 문하에서 글을 배워, 문인으로 이름이 높았다. 훗날 그는 김만중의 한글소설 《구운몽》과 《사씨남정기》를 한문으로 번역했다. 그러나 사생활이 매우 문란했고, 정치적으로도 많은 잡음을 일으켰다. 그런 사람이 영조의 친부라는 소문은 사실 여부를 떠나 영조에게는 큰 짐이 되었다.

영조의 왕위 계승을 둘러싸고도 억측이 무성했다. 1724년(경종 4), 그의 이복형 경종은 젊은 나이에 급사했다. 그 바람에 세제(世弟)였던 영조가 즉위했다. 그 당시 많은 사람들은 영조가 경종을 독살했다고 수군댔다. 경종은 평소 간장게장을 좋아했는데, 하필 이복동생(영조)이 선물한 게장을 먹고 급사했다는 것이다. 역사 기록으로는 정확히 확인되지 않은 이야기다. 사망 당시 경종의 나이는 서른일곱 살에 지나지 않았다. 그는 본래 몸이 허약했고, 그 나이가 되도록 후사가 없었다. 문제는 경종이 시름시름 앓다가 죽은 것이 아니라, 급작스럽게 생을 마감했다는 점이었다. 그랬기 때문에 그의 죽음을 둘러싸고 온갖 억측이 생겨났던 것이다.

경종 독살설과 김춘택 친부설을 18세기의 소론과 남인은 공공연한 사실로 간주했다. 그로 말미암아 1728년(영조 4) 남부 지방에서는 이른바 이인좌의 난이 일어났다. 반란이 진압되자, 영조는 탕평책을 펼쳐 정치적 안정을 꾀했다. 그런데 영조는 왕자 시절부터 노론의 신세를 많이 졌다. 즉위 후에는 더욱 노론에 기대어 정권을 유지했다. 때문에 그의 탕평책은 사실상 노론 중심의 권력 재분배를 의미했다.

영조는 심리적으로도 불안한 사람이었다. 매사에 의심이 많았고, 권력에 대한 집착이 유별났다. 피해의식에 시달렸던 것일까. 왕은 자신의 학문적 능력을 과시하며 신하들에게 존경과 굴복을 강요하려는 경향이 있었다. 이런 성향이 아들을 향해서도 영락없이 드러났다. 영조는 사도세자도 자신처럼 탁월한 학자군주가 되기를 바랐으나, 쉽게 될 일은 아니었다.

더 큰 문제는 영조가 자신의 심적 불안을 세자에게 투사했다는 사실이다. 영조는 사사건건 세자의 약점을 들추어내서 사정없이 매도했다. 과거에 선조가 세자 광해군을 괴롭힌 것보다 더 심하면 심했지 덜하지 않았다. 열등감이 심했던 선조도 그랬지만 영조는 거듭된 선위(禪位, 세자에게 왕위를 물려줌) 소동을 일으켜서 세자와 대신들을 혼란에 빠뜨렸다. 영조는 10년도 넘게 사도세자에게 대리청정을 강요했지만, 세자에게는 아무런 실권도 주지 않았다. 영조는 세자의 무능을 줄곧 나무랐고, 혹시나 세자와 대신들이 반역을 꾀하지 않을까 하는 의심으로 신경을 곤두세웠다.

맹자가 말하는 좋은 부자관계의 비결

부자간의 비극은 고대 그리스의 신화에도 나온다. 서양 예술사를 보면, '친부 살해'의 욕망을 표현한 경우가 적지 않다. 오늘날 우리 사회에는 자수성가한 아버지 밑에서 자란 아들이 우울증에 시달리는 경우가 적지 않다. 더러는 이것이 '친부 살해'의 범죄 행위로 표출되기도 한다. 혜경궁 홍씨가 쓴 《한중록》을 보면, 사도세자 역시 친부 살해의 충동에 사로잡혀 있었던 것 같다. 부왕(父王)의 지나친 간섭과 통제가 부자관계의 극단적인 파탄을 초래한 것이었다.

일찍이 맹자는 좋은 부자관계가 되는 법에 대해 충고했다. 아무리 가까운 부자간이라도 '책선(責善)', 즉 좋은 일을 행하라고 상대에게 권하지 말라고 말했다. "군자가 자기 아들을 직접 가르치지 않는 이유가 무엇입니까?"라는 제자 공손추의 물음에 맹자는 이렇게 대답했다.

"현실적으로 안 되기 때문이다. 가르치는 사람은 올바른 것을 가르치는데, 자식이 올바른 것을 행하지 않으면 화를 내게 될 것이며, 화를 내면 상처를 받게 된다. 자식이 생각하기를, 아버지는 나에게 올바른 일을 하라 하시면서 아버지 자신은 올바른 일을 행하지 않는다고 여기게 되기 때문이다. 이렇게 되면 부자간에 사이가 벌어지게 되고, 이보다 더 큰 불상사가 없다."

김장생과 김집 부자의 이야기에서 이미 살펴본 것처럼, 아버지는 웬만한 일에는 개입하지 않고 가만히 지켜보는 편이 좋은 것 같다.

아버지가 자식을 가르치는 일은 여간 어려운 일이 아니다. 옛 선비들은 이 점을 알고서는 자식을 맞바꾸어 친구의 아들을 지도하기도 했다. 16세기의 대학자 성수침(成守琛)도 아들 성혼(成渾)의 훈육을 친구인 백인걸(白仁傑)에게 부탁했다. 그들은 맹자가 강조한 '책선'의 어려움을 옳게 인식했다. 영조가 놓친 좋은 부자관계의 비결이 조선시대 사대부 가문에서는 누구나 아는 상식이었다.

사도세자의 정신병

장인 홍봉한에게 보낸 편지를 보면, 사도세자는 1752년(영조 28)경부터 우울증에 시달렸다. 우울증이 날로 심해져서 2년 뒤에는 그의 심적 고통이 육체적 질환으로까지 전이될 정도였다. 홍봉한은 사위의 요청에 따라 약을 지어 보냈지만 효과는 거의 없었다.

훗날 정조는 아버지의 정신병을 인정하지 않았다. 《현륭원지》에서 "양궁(兩宮, 영조와 사도세자) 사이에 금이 간 것은 과거 경종의 측근이었던 (······) 궁녀들의 이간질 때문"이라고 주장했다. 정조는 궁정 내부의 암투를 강조하며 역사적 진실을 외면했다.

사실은 그와 달랐다. 사도세자의 정신질환은 점점 악화되었다. 일단 발작하면 통제 불가능한 상태에 빠지곤 했다. 《한중록》에는 그런 사실이 역력히 기록되어 있다. 영조도 세자를 폐위하면서 생모 영빈의 말을 빌려, 세자가 100여 명 이상을 살해했다고 주장했을 정도다. 세자는 1761년(영조 37) 1월, 자신이 사랑하던 후궁 경빈 박씨마저 살해했다. 혜경궁 홍씨와 생모 영빈의 목숨도 위태로웠다.

어떤 역사가는 사도세자의 정신이 끝까지 말짱했다고 주장한다. 정조의 《현륭원지》를 그대로 믿어서일 것이다. 정조는 아버지의 일탈 행위를 모른 척했다. 기껏해야 아버지가 힘든 궁중 예법을 실천하느라 일시적으로 우울증에 걸린 것처럼 묘사했다.

요컨대 영조가 세자에게 끝까지 속마음을 열지 못한 것은 불행의 원천이었다. 아들과의 관계에서 부왕은 솔직하지 못했다. 무조건 끝까지 부왕의 권위를 주장하는 것이야말로 도리어 허약함의 표징이요 위선임을 그는 깨닫지 못했다. 부왕 때문에 세자는 정신병에 걸렸다. 이렇게 말해도 과언은 아니었다. 부왕은 세자를 뒤주에 가둬 죽일 일이 아니라, 관계 회복을 위해 자신의 마음부터 열어야 했다. 아버지의 외면이 끝내 역사적 비극으로 치달았다.

엽기적인 사건의 원인

영조의 불안증은 권력 투쟁에서 비롯되었다. 선조와 광해군, 인조와 소현세자의 문제도 마찬가지였다. 사도세자 역시 과열된 당파 싸움 때문에 애를 먹었다. 16세기 말부터 당쟁은 한층 격화되었고, 궁중의 암투와 정쟁이 서로 복잡하게 얽혔다. 여기에 부왕 영조의 잘못된 처신이 겹쳤고, 사도세자 자신의 정치력이 부족했던 것도 문제라면 문제였다.

세자를 미워한 영조는 숙의 문씨를 유독 총애했다. 문 숙의는 영조의 사랑을 많이 받았다. 궁녀였던 그는 1753년(영조 29)에 지위가 소원(昭媛, 정4품)으로 올랐고, 1771년(영조 47) 숙의(淑儀, 종2품)로 승격했다. 숙의 문씨는 화령옹주(和寧翁主)와 화길옹주(和吉翁主), 두 딸을 낳았다. 문 숙의는 왕자를 낳을 가능성도 많았다. 그리하여 그녀는 궁중의 정치적 소용돌이에 휘말려 들어갔다. 문 숙의는 노론 대신 김상로와 친정 오빠 문성국(文聖國) 등과 함께 사도세자를 무고하는 일에 앞장섰다.

이로 인해 문 숙의는 정조와 씻을 수 없는 악연을 맺게 되었다. 1776년(영조 52)에 정조는 즉위하기가 무섭게 문 숙의를 궁중에서 쫓아냈고, 그해 8월 10일에 사약을 내렸다. 문 숙의에 대한 정조의 원한은 뼈에 사무쳤던 것 같다. 정조는 《현륭원지》에 "문씨의 모략으로 아버지와 할아버지의 관계가 나빠졌다"라고 기록했다.

그런데 사태를 더욱 복잡하게 만든 것은 1759년(영조 35) 영조의 재혼이었다. 열다섯 살의 계비 정순왕후는 영조보다 51세나 아래였고 사도세자보다는 열 살 아래였다. 어린 왕비가 대군을 낳기라도 하면 후계자가 뒤바뀔 것이 빤했다. 이 때문에 정순왕후가 입궁하자 대신들 중에는 세자에게서 등을 돌린 사람들이 더욱 많아졌다.

정순왕후의 친정이 혜경궁 홍씨의 친정과 갈등을 빚는 것은 당연했다. 혜경궁의 《한중록》에도 그런 사실이 나타나 있다. 뿌리 깊은 갈등 때문에 정조는 즉위하기가 무섭게 정순왕후의 오빠 김귀주를 처단했다. 1800년(정조 24)에 정조가 죽고 순조가 어린 나이에 즉위하자, 실권을 거머쥔 정순왕후는 혜경궁의 동생 홍낙임을 처형했다. 해묵은 원한을 갚은 것이다.

사도세자를 보호하려고 애쓴 대신들은 주로 소론이었다. 《현

륭원지》에도 언급되었듯, 조현명, 이종성, 박문수 등이 세자를
옹호했다. 나중에는 조현명의 아들과 손자가 힘썼다. 노론 중에
도 이천보와 유척기 등은 세자를 감쌌다. 하지만 부자관계가 악
화되자 보호의 손길은 자연히 약해졌다.

1759년에 정순왕후가 궁궐에 들어오자 부자간의 불화는 정
점에 달했다. 1760년(영조 36) 8월부터 무려 열 달 동안 그들은
한 차례도 대면하지 않았다. 그러더니 1762년(영조 38) 윤5월에
친자 살해의 참극이 벌어졌다. 사태를 거기까지 몰고 간 책임이
영조에게 있었다.

부왕이 세자를 뒤주에 가둬 굶어 죽게 한 것은 엽기적인 사
건이었다. 만일 영조에게 정신적인 여유가 조금이라도 있었더라
면 도저히 일어날 수 없는 일이다. 신하들이 당파 싸움에 매몰되
지 않았더라도 피할 수 있었다. 이 사건은 격렬한 당쟁과 영조
및 사도세자의 인간적 결함이 교직된 결과였다.

영조, 사도세자, 정조에 이르는 왕실 3대의 부자관계는 이례
적이었다. 영조와 사도세자의 관계는 왕실이라는 특수 사정을
감안하더라도 너무 지나쳤다. 아버지 영조는 끝내 출생에 대한
열등감에서 벗어나지 못했던 것일까? 아버지는 세자를 지나치
게 다그쳤다. 평화로운 어린 시절이 사라지자 사도세자는 줄곧
아버지에 대한 반감과 불안증에 시달렸다. 아들은 결국 성격 파
탄자가 되고 말았다. 당황한 영조는 병든 아들을 치유할 방법을

찾기는커녕, 친자 살해라는 극단적인 수단에 호소했다.

궁중의 비극이 겹치는 가운데 사도세자의 아들 정조는 견디기 힘든 청소년 시절을 보내야 했다. 그런데 그는 워낙 비범하고 다재다능한 인물이었다. 그리하여 백성의 힘든 삶을 진심으로 염려하는 현명한 왕으로 성장했다. 그럼에도 정조의 가슴 한편에는 아버지의 빈자리가 남긴 짙은 그늘이 끝내 사라지지 않았다.

더 읽을 거리

김백철, 《영조: 민국을 꿈꾼 탕평군주》, 태학사, 2011.

서정미, 《영조, 사도세자, 정조 그들은 왜?: 임오화변에 대한 정신분석학적 고찰》, 한국심리치료연구소, 2016.

지두환, 《영조의 딸과 사위》, 한국학중앙연구원, 2014.

최봉영, 《영조와 사도세자 이야기》, 한국학중앙연구원, 2013.

혜경궁 홍씨, 정병설 옮김, 《한중록》, 문학동네, 2010.

참고문헌

원전(한문)

김인후(金麟厚), 《하서선생전집(河西先生全集)》, 장성(長城), 1802, 총 16권 8책.

김장생(金長生), 《사계선생유고(沙溪先生遺稿)》, 1688년경, 총 13권 5책.

김정희(金正喜), 《완당선생전집(阮堂先生全集)》, 경성(京城), 1934, 총 10권 5책.

김종직(金宗直), 《이존록(彝尊錄)》, 밀양(密陽), 1497, 총 2권 1책.

김종직(金宗直), 《점필재집, 원집(佔畢齋集, 原集)》, 선산(善山), 1520, 총 25권 7책.

박세당(朴世堂), 《서계선생집(西溪先生集)》, 서울(漢城), 권1~20(18세기), 권 21~22(1930년 이후), 총 22권 11책.

유희춘(柳希春), 《미암선생집(眉巖先生集)》, 담양(潭陽), 1869(1897), 총 22권 10책.

이순신(李舜臣), 《이충무공전서(李忠武公全書)》, 서울(漢城), 1795, 총 14권 8책.

이익(李瀷), 《성호선생전집(星湖先生全集)》, 밀양(密陽): 모렴당(慕濂堂), 1922, 총 72권 36책.

이항복(李恒福), 《백사선생집(白沙先生集)》, 강릉(江陵), 1629, 총 12권 10책.

이황(李滉), 《퇴계선생문집, 원집(退溪先生文集, 原集)》, 안동(安東), 1843, 총 57권 30책.

이황(李滉), 《퇴계선생속집(退溪先生續集)》, 안동(安東), 1764, 총 8권 4책.

정약용(丁若鏞), 《여유당전서(與猶堂全書)》, 경성(京城): 신조선사(新朝鮮社), 1934~1938, 총 154권 76책.

정조(正祖), 《홍재전서(弘齋全書)》, 서울(漢城), 1814, 총 184권 100책.

원전(번역본)

김장생, 《(국역) 사계 김장생 전서》 1~9권, 한국학술정보, 2006.

김정희, 최완수 옮김, 《추사집》, 현암사, 2014.

박세당, 《서계 박세당의 필첩》, 이회문화사, 2003.

박세당, 박헌순 옮김, 《박세당의 장자 읽기: 남화경주해산보 1》, 유리창, 2012.

박세당, 장윤수 옮김, 《사변록》, 지식을만드는지식, 2011.

이순신, 노승석 역주, 《난중일기: 교감완역》, 민음사, 2010.

이순신, 이인섭 편,《이순신 한묵첩: 충무공친필 영인본》, 이화문화출판사, 2000.

이익 편, 이광호 옮김,《이자수어: 성호 이익이 가려 뽑은 퇴계학의 정수》, 예문서원, 2010.

이익, 고정일 옮김,《성호사설》, 동서문화사, 2015.

이항복,《(신편 국역) 백사집》1~4권, 한국학술정보, 2007.

이항복,《천애의 나그네: 백사 이항복의 중국 사행시집》, 이회문화사, 2013.

이황, 이광호 옮김,《성학십도》, 홍익출판사, 2012.

이황, 허경진 옮김,《퇴계 이황 시선》, 평민사, 2007.

이황, 이장우 외 옮김,《퇴계 이황 아들에게 편지를 쓰다》, 연암서가, 2011.

정약용,《(정선)목민심서》, 창비, 2005.

정약용,《아버지의 편지: 다산 정약용 편지로 가르친 아버지의 사랑》, 함께읽는책, 2004.

정약용, 박석무 편역,《유배지에서 보낸 편지》, 창비, 2009.

혜경궁 홍씨, 정병설 옮김,《한중록》, 문학동네, 2010.

해설서 및 연구서

강경원,《이익: 인간소외 극복의 실학자》, 성균관대학교 출판부, 2002.

강명관,《성호, 세상을 논하다: 성호 이익의 비망록 성호사설을 다시 읽다》, 자음과모음, 2011.

강혜선,《한시 러브레터》, 북멘토, 2015.

강희진,《추사 김정희: 삼백 개의 이름으로 삶과 마주한》, 명문당, 2015.

금장태,《조선실학의 경전이해》, 서울대학교 출판문화원, 2014.

김백철,《영조: 민국을 꿈꾼 탕평군주》, 태학사, 2011.

김영두,《퇴계와 고봉, 편지를 쓰다》, 소나무, 2003.

김훈,《칼의 노래》(소설), 문학동네, 2012.

노승석,《이순신의 승리전략: 이순신의 삼국지 인용문》, 여해고전연구소, 2013.

박석무,《다산 정약용 평전: 조선 후기 민족 최고의 실천적 학자》, 민음사, 2014.

박철상,《세한도: 천 년의 믿음 그림으로 태어나다》, 문학동네, 2010.

박희병,《선인들의 공부법》, 창비, 2013.

백승종,《대숲에 앉아 천명도를 그리네: 16세기 큰선비 하서 김인후를 만나다》, 돌베개, 2003.

부산대학교 점필재연구소 편,《점필재 김종직과 그의 젊은 제자들: 조선의 인문정
　신을 열어간 사람들》, 인문사, 2011.

서정미,《영조, 사도세자, 정조 그들은 왜?: 임오화변에 대한 정신분석학적 고찰》,
　한국심리치료연구소, 2016.

유홍준,《완당 평전: 일세를 풍미하는 완당바람》, 학고재, 2002.

윤사순 외,《서계 박세당 연구》, 집문당, 2006.

윤사순,《퇴계 이황》, 예문서원, 2002.

이기동,《천국을 거닐다, 소쇄원: 김인후와 유토피아》, 사람의무늬, 2014.

이만규,《다시 읽는 조선 교육사》, 살림터, 2010.

이연순,《미암 유희춘의 일기문학》, 혜안, 2012.

이종건,《백사 이항복의 문학연구》, 국학자료원, 2002.

장세호,《사계 김장생의 예학사상》, 경인문화사, 2006.

정민,《다산선생 지식경영법: 전방위적 지식인 정약용의 치학 전략, 다산치학 10강
　50목 200결》, 김영사, 2006.

정성희,《김종직: 조선 도학의 분수령》, 성균관대학교 출판부, 2009.

정창권,《조선의 부부에게 사랑법을 묻다》, 푸른역사, 2015.

정창권,《홀로 벼슬하며 그대를 생각하노라: 미암일기 1567~1577》, 사계절, 2003.

정출헌,《점필재 김종직: 젊은 제자들이 가슴에 품은 시대의 스승》, 예문서원,
　2015.

조기영,《하서 김인후의 시문학 연구》, 아세아문화사, 1994.

조성도,《이순신의 생애와 사상》, 명문당, 2014.

지두환,《영조의 딸과 사위》, 한국학중앙연구원, 2014.

최봉영,《영조와 사도세자 이야기》, 한국학중앙연구원, 2013.

한국문중문화연구원 편,《사계. 신독재의 유학 사상》, 누마루, 2011.

한국인물사연구원 편,《무오사화: 핏빛 조선 4대 사화 첫 번째》, 타오름, 2010.

한우근,《성호 이익 연구》, 한국학술정보, 2003.

허경진,《하서 김인후 시선》, 평민사, 2000.

황의동,《기호유학 연구》, 서광사, 2009.

조선의 아버지들

초판 1쇄 발행 2016년 11월 28일
초판 4쇄 발행 2017년 6월 15일

지은이   백승종
펴낸이   문채원
편집   오효순
디자인   이창욱
마케팅   박효정, 정승호, 전지훈

펴낸곳   도서출판 사우
출판   등록 2014-000017호
주소   서울시 양천구 목동동로 50, 1223-508
전화   02-2642-6420
팩스   0504-156-6085
전자우편   sawoopub@gmail.com

ISBN 979-11-87332-02-2 03910

이 도서의 국립중앙도서관 출판예정도서목록(CIP)은 서지정보유통지원시스템 홈페이지(http://seoji.nl.go.kr)와
국가자료공동목록시스템(http://www.nl.go.kr/kolisnet)에서 이용하실 수 있습니다.(CIP제어번호: 2016025799)